스스로 잘 해내는 사람은 강합니다.
마음을 나누고 의지할 줄 아는 사람은 더 강하고요.
동업을 고민하는 이, 동업 중인 이, 동업을 끝낸 이
모두에게 응원의 악수를 권합니다.

KB127846

룬아 지음

TWL + 핸들위드케어
지승민의 공기

mtl + 라스다마스
프론트 + 페일스

카바 라이프
챔앤폐코소

비플러스엠 + 오월학교
티프 스튜디오

브랜드 블렌딩

브랜드 ＋ 블렌딩

BRAND BLENDING

룬아 지음

나와 나의 교집합이 만드는 브랜드

TWL + 헬룸위드케어
지승민의 공기

mtl + 라스다마스
프로타 + 페얼스

카바 라이프
젬앤페블스

비블리스엠 + 오월학교
타포 스튜디오

지콜론북

목차

목표에 대해 이야기할 때, 농담 반 진담 반으로 '직원을 채용하지 않는 것'이라고 말하곤 했다. 이유는 매우 단순하다. 고정 지출. 작은 그릇 소유자의 찌질한 고집 같이 들리지만 나는 큰 일을 해내는 것보다 스트레스 요인을 줄이는 것이 더 행복에 가까운 사람이고, 누구도 대신 해결해 줄 수 없는 업무가 산더미같이 쌓여 있는 이 순간까지도 그 믿음에는 변함이 없다. 10년 전에 경험해 본 고정 지출의 무게는 결코 가볍지 않았다.

월급이 다가 아니다. 작은 사무실과 각자 앉을 사무용 의자, 책상, 컴퓨터, 식비, 교통비, 그 외 4대보험과 세무 등… 나에게는 영원히 건너지 못할 강처럼 보였다. 미취학 아동을 키우며 한 치 앞을 가늠할 수 없는 워킹 맘의 일정을 지속적으로 이해해 줄 사람도 많지 않을 것 같았다. 그래서 혼자 일하는 여성들을 롤모델로 삼았다. 예를 들면 오프라 윈프리(웃어도 괜찮다). 물론 그녀가 혼자 일할 리 없다는 사실을 너무 잘 알지만. 왜냐하면 나 역시 표면적으로만 혈혈단신일 뿐, 언제나 누군가와 함께 일하고 있기 때문이다. 대체로 '헤쳐모여' 방식으로 자유롭게 드나들며 일했다. 때마다 필요한 사람들이 모여서 해결하고, 일이 끝나면 각자의 자리로 돌아가는 것이다.

그럼에도 어쩔 수 없이 혼자 일하는 시간이 지배적이다. 1인 기업의 가장 큰 고충은 바로 외로움이었다. 그 외로움은 혼자 유튜브를 보며 점심을 먹을 때보다는, 중요한 결정을 내려야 할 때 사무치게 밀려온다. 이게 옳은 선택일까? 누구에게라도 털어놓고 상담하고 싶지만 친구들은 마냥 좋은 소리만 해주고, 남편은 언제나 일단 해보라고 한다. 그건 20, 30대에나 유효한 조언이다. 지금은 조금 더 객관적이고 신중할 필요가 있다.

　　세상에 내 마음 같은 사람 하나 없다는 느낌이다. 이 문제를 정확히 나처럼, 그러니까 같은 무게의 낙관과 비관으로 머리를 맞대 줄 사람이 단 한 명도 없다. 아, 이래서 동업을 하나? 고정지출의 문제도, 중대한 결정의 고민도 딱 반씩 덜어줄 그 누군가와.

　　하지만 동업은 직원을 채용하는 것보다 더 어려워 보였다. 도대체 누가 나와 함께 이 막연한 안갯길을 걸어준단 말인가? 존재 불분명의 가능성만 바라보며 긍정 회로의 힘으로 한 걸음씩 내딛어야 하는 길을? 그저 평생 즐겁게 할 수 있는 일을 찾아 나서는 커리어 노마드 같은 나에게 동업자를 구하는 일이란, 차라리 외로움을 선택하게 할 만큼 난해했다. 그 성급한 선택 안에서 소중한 지인을 잃고 싶지도 않았고.

아마도 그래서 가족 동업이 많은가보다. 안개 속을 걷지 않는 브랜드는 없을 것이기에. 동업이라는 소재를 염두에 두지 않았던 『취향집』에도 동업 사례가 반 이상 되는데, 그 안에서도 가족 관계가 월등히 높다. 식스티세컨즈, 앙봉꼴렉터, 오롤리데이, 원오디너리맨션, 웜그레이테일 중 식스티세컨즈의 운영진만이 유일한 타인이다. 웬디앤브레드는 웬디스보틀로 사업을 변경하면서 결국 부부 동업이 되었고, 어라운드 매거진에서도 김이경 대표의 친언니가 「위매거진」을 맡고 있다.

나에게도 가족이 있다. 하지만 남편과 동업을 할 수 없는 이유는 가장 우선적으로 업무 분야가 다르고, 그는 그만의 꿈을 열심히 펼치는 중이다. 남동생은… 생략하겠다. 두 번째로는 경제적으로 한배를 탄다는 사실이 불안했다. 내가 쉬지 않고 책을 쓰거나 유튜브에서 '마요네즈매거진'을 유지할 수 있었던 배후에는 남편의 정기적인 수입이 있었다. 그런데 웜그레이테일의 김한걸 작가는 이현아 디렉터가 '배신하지 않을 것이기에' 동업을 제안했다고 했다. 프러포즈와 동시에 퇴사를 종용한 그는 결국 대한민국을 대표하는 일러스트 브랜드를 키워냈다.

뭔가 이루고자 한다면 큰 수를 놓는 결단이 필요하다. 누군가에게는 이직일 수도, 누군가에게는 투자일 수도, 누군가에게는 동업일 수도 있다. 한 가지 확실한 것은, 세상에 혼자 이룰 수 있는 일은 아무것도 없다는 것. 혼자 하는 것 같지만 사실은 아무것도 혼자 해내고 있지 않다. 인스타그램에서 주기적으로 받는 짧은 응원마저 외톨이들을 조금씩 앞으로 나아가게 하는 동료 에너지이다.

이번 책에서 브랜드를 선정한 기준은 『취향집』과 크게 다르지 않다. 진정성과 지속가능성과 고유함이 느껴지는 브랜드. 오래 지켜봐 왔고, 그래서 자신했고, 인터뷰를 하나씩 마칠 때마다 확신했다. 다만 주제가 주제인 만큼 브랜드의 스펙트럼과 더불어 다양한 동업 형태의 균형을 잡으려 노력했고, 브랜드 이야기 외에도 두 사람이 함께 일하는 케미에 귀를 기울였다.

여덟 팀의 이야기를 듣고 난 뒤, 과연 동업에 대한 나의 두려움이 사라졌을까. 찬찬히 걸어오세요. 에필로그에서 만납시다.

룬아

TWL

+

핸들위드케어

About

─────────────────────────

유용하고 아름다운 일용품을 다루는 브랜드.
충실하고 충만한 매일을 챙기는 물건들을 기반으로 다양한 활동을 펼친다.
공예를 향한 애정을 담아
작고 조용한 상점 '핸들위드케어'를 운영하고 있다.

좌 김희선, 우 김우경

혜화역에서 내려 한참을 걸었다. 서울대학교병원을 지나고,
홍익대학교 대학로 캠퍼스를 지났다. 마스크에서 올라온
입김으로 안경 렌즈에 뿌옇게 김이 서려서 둘 중 하나를
벗어버렸다. 집에서 나와 지하철을 두 번이나 갈아타고 이미
한 시간 정도 이동한 뒤였다. '이래서 TWL을 온라인으로만 봤지.'
하며 차갑고 푸르스름한 공기를 헤치며 앞으로 앞으로 걸었다.
TWL의 존재를 안 지는 오래되었지만, 방문한 것은 엔데믹을
맞이하고 '만추장'이 다시 열린 가을날이었다.
대학로의 한구석이 인산인해를 이루었고, 길을 지나던
사람들은 이게 무슨 일인가 하는 호기심에 마켓이 펼쳐진
토토빌딩 주차장을 기웃거렸다. 지난 3년간 숨죽이던 브랜드의
저력이 폭죽처럼 터지던 날이었다.

한편 TWL의 작은 가게 '핸들위드케어Handle with Care'는
한남동이라는 접근성 덕분에 보다 편하게 들러보았고,
그 경험이 너무 좋아 지인들을 데리고 수차례 반복해서
방문했다. 하지만 어린아이를 키우는 일상이란 '핸들위드케어'
라는 브랜드명에 순응하지 못할 정도로 부산스러운 탓에,
눈으로만 담은 취향은 미래로 미뤄둘 수 밖에 없었다.
반면 TWL은 지금도 충분히 그러안을 수 있었다.
마침 '비 마이 산타Be My Santa' 연말 기획전이 열리고 있었고,
커다란 문을 밀고 들어서자 유리면에 반사된 햇빛으로 사방이
반짝였다. 하나하나 도자기로 빚은 오너먼트, 황동으로 제작한
오브제, 따뜻한 울 목도리와 금박 일러스트 입체 카드 등
TWL의 겨울 셀렉션을 직접 마주하고 나서야 생각했다.
'여길 왜 이제야 왔을까.'

김희선 TWL/핸들위드케어 대표, 스튜디오 fmt 멤버, 이하 희선
김우정 TWL/핸들위드케어 대표, 스튜디오 fmt 멤버, 이하 우정

충실하고 충만한 매일을 살고 싶어서 이 일을 시작했다고요. 보통은 그런 생각이 들기 전에 번아웃 같은 일을 겪는데, 혹시 계기가 있었나요?

희선　그보다는, 살림에 관심을 갖게 되었어요. 독립이나 결혼을 하면서 자기만의 살림이 생기던 시기였거든요. 하지만 바쁘게 살다 보면 살림은 후순위로 밀리는 일이 돼요. 그 일상의 조각을 충분히 영위하기에는 늘 시간이 부족했어요. 그게 안타까웠죠.

우경　시작은 아주 사적이었어요. 둘이 놀면서도 '왜 이런 물건이 없지?'라는 식으로 가볍게 대화를 나눴거든요.

TWL에는 해외 제품이 많아요. 당시엔 직구도 없었을 텐데, 해외에서 직접 사 왔나요?

희선　여행이나 출장을 가면 하나씩 집어 오곤 했죠. 반복해서 눈에 들어오는 브랜드가 있었는데 그중 하나가 '아즈마야 Azmaya'였어요. 사업을 해야겠다고 결심하기도 전에 덥석 연락했어요. 생각해 보면 여러 우연과 행운이 닿아서 TWL을 시작할 수 있었어요. 예를 들면 아즈마야가 먼저 한국 디스트리뷰터(유통업자)를 제안했거든요. 그땐 디스트리뷰터가 뭔지도 몰랐는데 말이에요.

우경　당시 스튜디오 fnt(이하 fnt)에서 편집숍 에이랜드 프로젝트를 하고 있었는데, 가로수길 매장이 오픈하면서 리빙 코너를 맡게 됐어요. 저희 사무실에서 미팅을 하던 중, 클라이언트가 구석에 쌓아놓은 물건들을 발견한 거죠. 딱히 팔 곳이 없어서 모아두고만 있었거든요. 그렇게 처음 입점을 하게 되었어요.

희선　지금 연건동의 자체 쇼룸 이전에는 백화점에 입점했었어요. 야근을 하다가 포털 사이트에서 'S Partners'라는 신세계 주최의 신생 브랜드 발굴 프로그램을 발견했고, 가벼운 마음으로 지원했는데 덜컥 붙어버렸죠. 그런 과정이 겹치면서 일이 저절로 굴러갔어요.

지금의 TWL을 생각하면 백화점과는 거리가 있는데요?

우경　웹사이트를 만들었는데, 그렇다고 바로 매출이 발생하는 건 아니잖아요. 패션 사업이 중점인 에이랜드 역시 리빙 플랫폼은 아니라 한계가 명확했고요. 유통망을 늘려야겠다는 고민 끝에 백화점을 선택했죠. 2013년 즈음이었는데 신세계 본점, 강남점, 센텀점까지 세 군데에 입점했어요.

희선　팝업을 몇 번 진행했는데 반응이 좋아서 본격적으로 입점했어요. 아침에 백화점으로 출근해서 매장을 보고, 저녁에 사무실에 돌아와 fnt의 업무를 보는 날들이 이어졌죠. 그렇게 2~3년 정도 운영했는데 질문대로 TWL과 백화점의 성격이 많이 달라요. 10년 전의 백화점에서는 매달 신상품이 나오거나 프로모션을 진행해야 하는데 우리는 그 무엇도 충족시킬 수 없는 거예요.

우경　마침 사무실을 옮겨야 하는 시점이었는데, 지금 있는 토토빌딩으로 이사 오면서 쇼룸을 열고 백화점을 정리할 수 있었죠.

처음에 쇼룸을 열 때 그리던 그림이 있었을 것 같아요.

희선　TWL 아래에는 '숍 앤 스튜디오'라는 이름이 붙어 있어요. 이 공간에서는 물건을 직접 사용해 보고 물건의 미래, 즉 사용감이 어떤지도 확인하고, 반대로는 과거, 그러니까 물건이 만들어지는 과정을 보여주는 등 다양한 단계의 모습을 만나게 해주고 싶었어요. 진열대에 가만히 앉아 있는 게 아니라 사용자와 함께 살아 있는 물건을요. 세상에는 물건이 너무 많아요. 돈만 있으면 살 수 있죠. 하지만 그중 내 것과 친해지고 알아가면서 느끼는 재미가 있거든요. 그래서 큰 주방을 만들었어요.

백화점 매장을 운영하면서 갈증이 생겨났나보군요.

희선 제품에 대해 알려주고 싶은 게 너무 많은데 직원들조차도 직접 써볼 기회가 많지 않은 거예요. 하지만 우리부터 충분히 물건을 사용해 봐야 제대로 알릴 수 있잖아요. 그래서 직원들이 먼저 사용할 수 있는 환경을 만들고 싶었어요.

그런데 아즈마야에서는 왜 갑자기 디스트리뷰터를 제안했을까요?

희선 우리만큼 진심이고 적극적으로 관심을 표한 사람이 없었던 것 같아요. 일본 시장은 내수만으로도 충분했기 때문에 수출 건에 대응하지 않는 경우가 많았어요. 나중에 들은 얘기로는, 대표님이 저희를 소개하는데 성별이나 나이 같은 건 쏙 빼고 '이 사람들은 우리 제품을 진짜 좋아해.'라고 했대요.
우경 비스니스가 아닌 팬심으로 접근했더니 그들의 마음에 닿았던 것 같아요.
희선 '라퓨안 칸쿠리트Lapuan Kankurit'라는 핀란드 브랜드도 비슷한 사례예요. 파리 메종 오브제 페어에서 만났는데, 이미 한국 바이어들이 여러 번 들렀나 봐요. 우리는 영업보다는 마냥 예쁘다고 좋아하기 바빴으니, 이 사람들이라면 브랜드의 결을 이해할 거라고 생각했대요.

'토보백 페어'도 신기하게 봤어요. '토보'라는 브랜드 하나를 위해 기획과 촬영, 전시를 한다는 게 브랜드 입장에서 정말 고마운 일일 것 같아요.

희선 '토보백Tobo Bag'은 유코 토보Yuko Tobo 작가님이 만드는 핸드메이드 가방인데 품질은 물론이고 심성이 참 따뜻한 분이에요. 전시와 판매라는 형태는 핸들위드케어에서 지속적으로 진행하는데, 일본에서는 이러한 형태가 너무나 보편적인 일이에요. 특히 개인 작가는 1년에서 2년까지 전시 스케줄이 잡혀 있어요. 어떤 공간에 항상 있는 물건이 아니라 창작자의 발걸음을 따라다니면서 구입해야 하는 거죠. 그게 하나의 문화적 패턴으로 단단히 자리잡혀 있어요.

와, 마치 아이돌 콘서트
투어 같네요.

우경   토보 작가님도 전시 투어 방식으로 일하는 분이라서
당연히 그 포맷을 고려했죠. 보통은 전시를 열면 작가님이 상
점으로 방문해요. 팬들이 찾아오는 행사니까요. 감사하게도
올해는 토보 작가님과 함께 파우치 제작 워크숍도 진행할 수
있었어요.

희선   토보 작가님은 파트너를 넘어서 친구 같거든요. 한 번
쯤 우리의 우정을 기념할 때도 됐다고 생각했죠. 토보백은 안
산 사람은 있어도 하나만 사는 사람은 없다고 할 정도로 가볍
고, 편하고, 예쁜 팔방미인 같은 물건이에요. 기존의 매니아
층은 탄탄하지만 그에 비해 새 고객의 유입이 적은 편이라 타
깃의 연령을 조금 낮게 잡았어요. 젊은 분들도 충분히 좋아할
수 있는 아이템이라고 생각했거든요. 그래서 연령대가 낮은
모델들을 섭외하고 촬영도 기존과는 조금 다르게, 발랄한 느
낌으로 전시를 기획했어요.

효과가 있었나요?

희선　실제로 구매했는지는 모르지만 홍보 이미지를 보고 찾아온 젊은 분들이 많았어요. 역시 커뮤니케이션이 중요하다는 사실을 새삼 깨달은 일이 되었습니다.

TWL은 대체로 라이프스타일이나 연령대가 비슷한 소비자들이 주로 찾을 것 같긴 해요.

희선　초반에는 그랬는데 점차 다양해졌어요. 어느 날에는 '왜 이렇게 어린 친구들이 많지?' 했다가 다른 날에는 '50, 60대분들이 많이 오시네.'라고 생각했거든요. 물론 20대 고객들은 구매보다는 구경하러 많이 찾아 오죠.

그들이 잠재적 소비자인 셈이죠.

희선　브랜드에 우리의 자아가 반영되어 있지만 이 또한 독립적인 생명체나 다름없어요. 이 아이가 어느 쪽으로 갈지, 완전한 컨트롤은 불가능해요. 그게 브랜드 운영의 재미있는 점이기도 해서 계속 지켜보는 중이에요.

김희선은 대화 중에도 계속 차를 따라주었다. 국내산 호지차를
베이스로 블랜딩한 오소리차가 부드러운 김을 내며 손바닥보다
작은 찻잔에 반복해서 채워졌다. 맑고 푸른 빛의 찻잔을
은접시에 내려놓을 때마다 조심스러운 소리가 났다. 세 사람
사이에서 작은 주전자는 금세 비워졌고, 그때마다 김희선은
새로 물을 데워서 부어 넣었다. 기계로 내린 커피가 아닌 웰컴 티,
비록 일로 만났지만 한결 더 편하게 머물다 가라는 TWL의
지향점과도 같은 대접이었다.

두 분이 좋아하는 게
비슷한가 봐요.

희선   다르기도 하고 비슷하기도 해요. TWL은 'Things We Love'의 약자인데, 자세히 보시면 'I'가 아니라 'We'예요. 우리의 취향이 교집합, 또는 합집합으로 모여요. 관심이 없던 물건도 옆에서 쓰는 걸 보거나 이야기를 들어보면 좋게 느껴질 수 있어요. 그렇다고 모든 걸 수용하는 것은 아니고요. 지금은 우리 둘을 넘어서 직원들의 제안도 함께 고려해요.

우경   애초에 특정 국적이나 스타일의 제품을 선정하려고 한 것은 아니에요. 우리가 좋아하는 것들을 한데 모아놓고 관찰해 보니 어떤 공통점 같은 것을 발견한 거죠.

일본은 물론이고 동양의
것들을 좋아하는 것
같아요. 판매하는 북유럽
제품들에도 동양적인
측면이 많고요. 뭐가
장점이라고 생각하는
걸까요?

희선   독일의 바우하우스나 이탈리아 디자인도 좋아하는데, TWL은 생활에 근접한 관점에서 출발했고 우리 생활의 기본적인 패턴이나 흐름, 크기 등은 아무래도 동양적일 수밖에 없어요.

우경   그래서 아직도 고민이 많은 품목이 바로 커트러리예요. 우리가 사용하기에 미국이나 유럽의 커트러리는 너무 큰 거죠. 컵이나 와인 글라스도 마찬가지고요.

희선   일본 식기에 매력을 느꼈던 포인트가 바로 크기였어요. 백화점에서 가장 많이 들었던 질문이, "이렇게 작은데 어떻게 써요?"였어요. 그런데 써보면 생각보다 많이 담기거든요. 그래서 찬거리를 일일이 담아서 이미지로 보여드리는 등의 소통을 많이 했죠.

실제로 살림을 많이 하나요? 희선 대표님은 SNS에서 정갈한 요리와 인테리어를 보여주지만, 우경 대표님의 SNS는 주로 육아와 캠핑이었던 거 같아요.

희선   살림에는 다양한 모습이 있어요. 한 끼라도 예쁘게 차려 먹는 사람이 있는가 하면 현실적으로 어려운 사람도 있죠. 저보다는 우경의 부엌이 더 바쁘게 돌아갈 거예요. 아이들이 있으니까요. 오롯한 취향을 담아내는 살림과 실전에서 돌아가는 살림, 양쪽에서 제품이 검증되는 게 좋다고 생각해요.

우경   그렇다고 욕구가 사라지는 것은 아니기에, 예쁜 그릇을 사면 제 전용 그릇장에 넣어둬요. 다람쥐처럼 일단 모아두는 거죠. 요즘은 식기보다는 조리 도구를 많이 소비해요. 아이들과 함께 매일 쓰는 물건이니까요.

비슷한 니즈에서 시작했지만 두 분의 라이프스타일에 점점 차이가 생길 것 같아요. 자녀의 유무도 큰 차이인데, 새로 조율해야 하는 부분이 생기진 않나요?

우경   생각보다 그렇지 않아요. 개인 시간이 줄었다는 것 외에는 아이를 낳기 전이나 지금이나 큰 차이가 없어요. 그리고 예쁜 물건을 보는 것은 언제나 기분이 좋아요. 각자 집에 누워서 온라인으로 예쁜 거 구경하고, 캡처해서 서로에게 보내곤 해요.

희선   사진만 우르르 보내요. 메모장처럼 활용하는 거죠. 어느 날 새벽에는 서른 개씩 보낸 적도 있어요. 그게 다예요. 설명이 필요 없어요.

두 분의 성향이 매우 다르지만 척하면 척이군요.

희선   저는 MBTI 유형이 INTJ, 우경이는 ENFP예요. 그 조합이 엄청 다르면서도 잘 맞는다고 하더라고요.

우경   저희 둘도 그렇지만 fnt 이재민 실장님까지 셋의 조합이 아주 좋아요. 일할 때는 다름이 장점으로 발현되는 것 같아요. 상호보완적이라고 하죠. 다행히 둘 다 싫어하는 지점이 비슷해요. 좋아하는 건 다르더라도 취향의 영역이 넓어지는 과정으로 받아들여지는데, 싫음의 포인트가 다르면 힘들더라고요. 감수해야 하는 것이 되잖아요.

희선   오랫동안 동업하면서 서로 다른 점을 많이 발견했지만, 그게 갈등으로 다가올 정도로 상황이 치달았던 적은 한번도 없었어요.

우경   기본적으로 다들 부딪히면서 싸우는 성격들이 못 돼요. 어떤 날에는 갑자기 저한테, 그 일을 했냐고 물어요. 저는 모르는 얘긴데요. 그럼 희선 언니가 "그래도 알았어야지." 하면서 넘어가요. INTJ 언니, 느낌 오죠? 무서워요. 그런데 가만보니 일을 잘 시키시더라고요. 아주 효율적으로요. 언니가 굳이 말 안 해도 항상 열심히 할 수 있도록 말이에요.

희선 대표님이 언니라서 다행이네요. 아니면 동생이었더라도 언니 같았으려나요. 그동안 SNS에서 지켜보면 희선 대표님이 좀 더 리드한다는 느낌을 받았는데, 실제로도 그러한가 봐요.

우경   언니는 일단 질문을 잘해요. 저는 큰 이견이 있으면 얘기하지만 그런 경우가 많지 않고요. 보통 아이디어를 열 개 던지면 세 개 정도는 받아줘요. 절대 독단적인 분이 아닙니다(웃음).

희선   혼자 결론을 잘 내리는 편이긴 한데, 단체로 일하는 것에 익숙해졌나 봐요. 뭔가 결정할 때 동의가 없으면 제 마음을 한 번 의심하게 돼요.

함께 일한 지 10년이 되었죠?

우경   맞아요. 알고 지낸 지는 15년이 되었고요. 가족보다 더 오랜 시간을 보내고, 가족에게도 할 수 없는 이야기를 할 수 있는 대상이죠.

희선   저는 가족이 이해 못 하는 얘기를 회사에 와서 해요.

우경   언니가 저를 더 완벽하게 만들어준다는 느낌을 자주 받아요. 그만큼 신뢰하고, 배울 점이 많거든요. 대신에 인간적인 부분이 조금 모자라고… 그 부분은 제가 채워주면 돼요.

인간적인 부분이라뇨
(웃음).

우경　사람과 관련된 이슈에 대한 기억을 잘 못해요. 남 일에
관심이 없는 타입이죠.

SNS에서는 두 분이 함께
있는 모습을 자주 못 봐서,
이렇게까지 돈독한 줄
몰랐어요.

우경　둘이 자매인지 묻는 질문도 많이 받았어요.

희선　사적으로는 잘 만나지 않아요. 그러면 정말 24시간을
함께 보내야 하거든요. 자기만의 시간도 중요하죠.

TWL이나
핸들위드케어나,
사물과의 전쟁이잖아요.
그것도 매우 조심스러운.
솔직히 어떻게 해내는지
경이로울 따름이에요.

희선　정말 좋아하니 할 수 있는 일이에요. 도자기를 유통하
다가 담요 같은 물건을 수입하면 너무 편해요. 법이 점점 까다
로워져서 특정 제품들은 수입이 만만치가 않아요.

우경　지금 와서 생각해 보면 아무것도 몰랐으니 시작할 수
있었던 것 같아요. TWL 일을 하다가 fnt에서 디자인 작업을
하면 그렇게 편하게 느껴질 수가 없어요. 물론 디자인하다가
TWL 일을 하면 환기가 되는 효과도 있고요.

희선　농담이지만, 지인들과 대화하다가 요트 얘기가 나왔
는데 그러는 거예요. "너도 TWL 안 했으면 요트 살 수 있어."

그만큼 많이 투자했다는
걸로 들리네요.

희선　특히 초창기에는 모아둔 쌈짓돈을 많이 썼어요. 팔면
다시 매입해야 했으니까요. 클라이언트 일만 하다가 오가는
돈의 단위가 달라져서 놀라기도 했답니다.

열심히 하는 사람은 즐기는 사람을 이길 수 없다고 하듯, 좋아하는
마음을 이길 욕망은 거의 없다. 짝사랑과 같은 마음이랄까. 아무리 상대가
반응해 주지 않아도 자꾸만 설레는 가슴을 다스릴 수 없는 것처럼,
어디로 가는지도 모르면서 좋아하는 마음 하나 때문에 시간과 에너지와
자본을 쏟아붓는다. 다행히 일은 사람과 달라서, 투자를 하면 어느 정도의
보상으로 돌아온다. 도무지 열리지 않을 것 같던 문이 조금씩 틈을 보이기
시작하는 장면은, 진심으로 문을 두드려본 이만 목격할 수 있는 선물이다.
그런데 막상 들어가 보니 생각보다 뜨겁지 않다고? 좋아하는 마음은 숯과
같아서 불을 잘 붙여놓으면 은은한 온기로 유지된다. 그때부터가 진짜
시작이다. 그때부터는 정말 오래 태울 수 있다.

**편집숍이라는 플랫폼상,
매년 새로운 브랜드를
소개하나요?**

희선　결과적으로는 그렇죠. 상설 판매를 하고 있는 브랜드
들이 있지만 모든 아이템을 소개하기에는 무리가 있고, 다양
한 브랜드를 보여주기에도 한계가 있더라고요. 그래서 시즌
기획전에는 신규 브랜드를 많이 소개하려고 합니다.

우경　기획전은 매출을 기준으로 기획하는 것이 아니라 우
리의 라이프스타일을 담아내요. 아기가 있으니 자연스레 아
기용품에 관심이 생기는 거죠. 첫 아이를 2018년 4월에 낳았
는데 첫 '어린이전'이 같은 해 5월이었거든요. 그렇게 자연스
레 시작하는 거예요.

희선　'춘우장', '만추장'도 샘플이 점점 많아져서 나온 아이디
어였어요. 한번 모아서 팔아보자, 그러면 친한 브랜드에도 물
어볼까, 넓은 주차장을 활용해 보자, 하는 식으로 자연스럽게
흘러갔어요. 봄에 한 번 열었는데 방문객들이 가을에도 하냐
고 물어서 봄, 가을에 각각 마켓을 열게 된 거예요.

우경　TWL의 중심은 삶이에요. 우리의 니즈는 비즈니스가
아니라 일상 그 자체예요. 연말에 춥고 힘드니까 팥죽을 먹자
해서 '동지연'을 열었죠. 그게 진화해서 지금 진행하고 있는
'비 마이 산타'가 된 거고요.

희선　그 과정에서 탄생한 아이템 중 롱런하는 것도 있어요.
예를 들면 '동지연'에서 팥을 넣은 안대가 만들어졌는데 아직
도 스테디셀러랍니다.

이미 있는 제품만 챙기는 것도 바쁠 텐데, 1년 내내 일이 많네요.

희선 특정 기획으로 묶어서 소개하면 확실히 눈에 띄고 반응이 와요. 어떤 제품이 매장에 놓여 있다고 해서 저절로 팔리지 않죠. 계기를 만들어줘야 하고, 그게 전시나 기획전, 마켓 같은 형태로 풀어지는 거예요.

공교롭게도 1년의 절기와 계절을 기준으로 이벤트가 진행되어요.

희선 그게 생활 그 자체인 거죠. 충실하고 충만한 매일이라고 했잖아요. 여기에서 '충실'이란 예를 들어 '오늘 야근하느라 햄버거를 배달시켜 먹었지만 제철 과일도 챙겨 먹으면서 살고 싶어.'라는 마음이고, '충만'이란 그보다는 재미있는 것으로 채워지는 거예요. 인생이라는 것이 한 가지의 대단히 좋은 일이 있다고 해서 다 채워지는 게 아니잖아요. 어느 날 드디어 명품 백을 샀다고 해서 취향이 완성되지 않는 것처럼요. 소소하지만 소중하게, 봄이 되면 꽃을 보고 여름이 되면 바다에 가고, 그런 재미로 사는 거죠. 우리나라가 뚜렷한 사계절 때문에 힘들면서도 재미가 있어요. 그 특징을 활용해 보고 싶었고, 그게 이런 방향으로 브랜드를 이끌어가는 것 같아요.

1년이 후딱 지나가겠어요.

우경 TWL은 루틴에 맞춰서 운영하면 되는데, 핸들위드케어는 작가님들과 콜라보를 해야 하기 때문에 보다 미리 계획해야 해요. 작가님들 일정이 보통 1년 정도 앞서가거든요. 내년 일정도 사실상 다 잡아놓은 상태라, 그걸 다 해내고 나면 또 1년이 지나 있겠죠.

작가님들이 핸들위드케어 전시를 위해 새로운 작업을 하기도 하나요?

희선 네. 핸들위드케어에서만 만날 수 있는 물건들이 만들어져요. 활동이 빈번한 분들은 기본적인 작업의 틀이 있고, 핸들위드케어를 위해 변주를 하는 방향으로 진행해요. 반면

일정을 큼지막하게 할애하는 분들은 그야말로 1년 내내 준비해 주기도 하고요.

핸들위드케어를 TWL 2호점으로 열지 않은 것에는 이유가 있을 텐데요. 다도와 관련된 아이템이 주를 이루는데, 그 카테고리만 따로 모은 이유가 있나요?

희선   TWL 초창기에는 장식품 카테고리가 전혀 없었어요. 감상하는 목적의 제품, 요즘 말하는 '무용하고 아름다운 것'을 좋아하지도 않았고요.

우경   시간을 쪼개고 쪼개서 집에 머물 시간을 내야 하는 사람들이었으니까요. 뭘 감상한다는 것은 사치에 가까웠죠.

희선   그런데 나이가 들면서 시선이 넓어진 거예요. 차 역시 시간이 있어야 충분히 즐길 수 있는 품목이고요. TWL 쇼룸에서도 전시를 했는데, 공간이 넓으니 집중이 안 되더라고요. 다른 물건과의 충돌도 있었고요. 점점 작은 숍에 대한 욕구가 생겼어요. 제한된 공간에, 그만큼 고심해서 놓은 무언가를 감상할 수 있는 방이요.

앞서 말씀하신 일본
작가의 전시 투어가
핸들위드케어에서
일어나는 셈이군요.
처음에 생각한 그림을
꾸준히 만들어오고 있네요.

희선　TWL 같은 경우는 브랜드에 입점 제안을 하면 당장이라도 개시할 수 있는데, 작가님들은 그게 불가능해요. 어떤 분들은 1년이 필요하고, 외국 작가의 경우 2년을 기다려야 하기도 하죠. 그래서 첫 해에는 전시를 하는 게 쉽지 않았어요.

우경　올해의 전시는 작년에 다 짜놓은 거예요. 매달 3주씩 오픈하는 게 목표인데 연 10회 정도는 꾸준히 하는 것 같아요.

핸들위드케어야말로 작고
반짝이는 보석 같아요.
더 지켜주고 싶은 부분이
있다면요?

희선　TWL은 역동성이 느껴지는 공간이에요. 행사들이 큼직큼직하게 바뀌고, 소비자군이 여럿 섞여 있어도 어색하지 않죠. 반면 핸들위드케어는 매장에 손님이 세 명만 들어가도 조심스럽고 말도 속삭이면서 하세요. 가게 이름 자체가 그렇잖아요. 제작자가 정중한 태도로 만들었고, 구매자도 함부로 대하면 안 되는 물건이라는 사실을 충분히 인지하고 있죠. 어쩌다 파손되면 고쳐서 쓰기도 하고, 누군가에게 물려주고 싶은 마음이 생기는 그런 물건들이었으면 좋겠어요.

핸들위드케어 홈페이지에
작가들의 인터뷰가
실려 있더라고요.
인하우스 에디터가
있다고 들었는데, 개인
편집숍에서는 꽤 독특한
형태라고 생각돼요.

희선 　근본적으로는 보다 깊은 이야기를 전하고 이해를 돕기 위함이지만, 굳이 따지면 편의성을 위한 선택이에요. 작가들의 작업 배경이나 이력 등을 깊이 알게 되면서 전달해야 할 콘텍스트가 너무 많다고 느꼈어요. 계기가 된 것은 남미혜 작가님 전시였는데, '나전월광문반'이 워낙 인기작이라 전시 오픈과 동시에 판매가 끝나버려서 작업에 대한 설명을 충분히 하고 싶다는 생각이 들었어요. 작품 설명만 해도 30분 분량이었거든요. 온라인에 자세히 서술해 둬야겠다는 생각에 인터뷰를 진행했죠.

우경 　전시에 못 온 분들이 좋아했어요. 그 이후로 계속 콘텐츠를 만들고 있는데, 나중에 엮어서 책으로 내고 싶어요.

그래도 에디터가
세 명이라는 것은 흔치
않은 구조인걸요.

희선 　이야기가 많아요. 제품 사진도 공급사에서 자료를 제공받아서 올리는 게 아니라 하나하나 우리의 시선으로 촬영하고 글을 써요. 세 명이어도 바쁘죠.

브랜딩, 큐레이션, 콘텐츠
메이킹 등 브랜드가
입체적으로 갖춰졌어요.

희선 　fnt에서 완성도가 있는 작업을 하다 보니 자연스럽게 만들어지는 것 같아요.

우경 　고정 멤버가 있어요. 핸들위드케어 전담 에디터가 있고, 디자인 포스터는 fnt 이재민 실장님이 맡아주고, 식물 어레인지는 보타라보 정희연 실장님이 해줘요. 워낙 오래 합을 맞춰와서 이제는 긴말이 필요 없어요. 기본 사항만 전달하면 완벽한 결과물로 돌아오니 든든하죠.

희선 　여담이지만 핸들위드케어에 걸려 있는 '국수월재수 농화향만의掬水月在手 弄花香滿衣'글귀도 보타라보 실장님의 아버지인 정도준 선생님께서 써주셨어요. 당나라 시대의 우량사라는 사람이 어느 봄날, 산에 가서 꽃향기를 맡으며 노닐다가 쓴 시예요. 밤이 되어 두 손으로 물을 떴더니 달이 손안에 있더라, 꽃과 놀았더니 향기가 내 옷깃에 있더라, 라는 뜻이에요.

환상적이네요.

희선 '손 수手'자가 들어가는 것이 핸들위드케어라는 이름과도 잘 어울리고, 우리가 하고 싶은 게 바로 이런 것 아닐까 싶어요.

이야기가 정말 중요한 브랜드예요. 10년 전과 비교했을 때 지금은 훨씬 잘 수용되는 부분일 것 같아요.

희선 그렇기도 하지만 예전에 우리가 제품을 전수하는 방식이 좀 특이했다면 지금은 많이 보편화되었어요. 그럼 이제는 무얼 하면 좋을지에 대한 고민을 하게 되죠. 우리가 일하는 방식은 계속 변할 거예요. 원래 잘 안 돌아다니는데 발걸음을 가볍게 해야겠다는 생각도 들고요. 라이브 커머스 같은 채널은 이해하기 힘들지만 그래도 관심을 가져보려고 해요. 그 대열에 합류하진 않더라도 세상이 어떻게 움직이고 있는지는 알아야 하니까요.

사람이 살아가는 모습이나 방식은 계속 변하는데 그 속도가 점점 빨라지고 있죠.

희선 물건 자체는 지극히 고전적으로 만들었을지언정 전달하는 방식은 흐름을 마냥 외면할 수 없겠더라고요. TWL은 10년이 되었잖아요. 그래서 더욱 다음 단계에 대한 고민이 많아요.

편집숍이 범람하는
요즘, TWL은 제품
자체도 중요하지만
그만의 커뮤니케이션
방식이 핵심 가치일지도
모른다는 생각이 들어요.

우경   저는 이 컵 하나가 너무 좋다기보다는 즐겁게 살고 싶
다는 욕구가 더 커요. 모든 시작이 그 사리사욕을 채우기 위
함이었죠. 그렇다면 앞으로 어떻게 이어 나가야 할까, 어떤
삶의 모습을 이야기하는 게 좋을까. 이러한 물음이 가장 깊
은 곳에 깔려 있어요.

희선   TWL만큼은 삶의 재미있는 부분으로 지키고 싶다는
마음 때문인지 운영 측면에서 다소 모호함이 있는 것 같고,
계속 그래도 되는지에 대한 고민을 하고 있는 시점이에요.

하지만 좋아하는 마음이
많이 드러나는 부분이
바로 그 부분이에요. 힘을
빼야 한다고들 하잖아요.
두 분이 TWL 하나만
붙들고 있었다면 지금의
모습이 아닐 것 같아요.

우경   사실 9월에 엄청 바빴어요. 밤새워 일하다가 제가 갑
자기 "아무래도 '만추장'을 열어야겠어. 누구를 부르지?"라고
했는데 언니가 대답을 안 하더라고요.

희선   눈앞에 닥친 일만으로도 벅찬데 웬 '만추장'이냐고요.

우경   그래서 딱 세 팀에게만 물어보겠다고 했어요. 물론 다
들 흔쾌히 승낙했고 결국 또 야근하면서 행사를 준비하는데
너무 재미있더라고요.

이번 '만추장'이 특히나
감동적이었어요. 3년
만에 열린 자리였는데
날씨마저 기가 막혔죠.
모두 반가워하는 기색이
역력했고, 아기띠 메고
오셨던 분들이 다 큰
어린이들의 손을 잡고
방문했잖아요. 마치 명절
같더라고요.

우경　셀러분들이 평소에는 각자의 작업장이나 가게에 갇혀
있잖아요. 코로나로 인해 3년 동안 힘들기도 했고요. 그렇게
지내다가 정말 명절처럼 놀러 나오는 거예요. 얼마를 벌어가
는지는 모르겠지만 그게 제일 중요한 건 아니라는 생각이 들
어서 참 좋은 행사입니다. 내년 봄에도 바쁘겠지만 '춘우장'
을 열 거예요.

'이 좋은 걸 왜 이제 알았지?'라는 생각이 든다는 것은,
내 삶이 이제야 그 좋은 걸 받아들일 준비가 되었다는 뜻이다.
내 몸 하나만 잘 꾸미고서는 미처 다 개지 못한 빨래와
아침을 대충 먹고 치운 설거지 거리가 쌓여 있는 집구석에서
쏙 빠져나와 바깥을 누비는 일상이 어딘가 잘못되었다고 느끼던
차였다. 인터뷰가 끝나고, 다시 찬 공기를 뚫고 집에 돌아와
좋아하는 잎 차를 우렸다. 호로록, 이 계절에 잘 어울리는
묵직한 바닐라향 루이보스 차를 한 모금 입에 머금으니 요즘
커피가 아닌 차를 소개하는 브랜드와 공간이 부쩍 늘어났다는
사실이 떠올랐다. 다들 충실하고 충만한 하루를 보내고 싶은
거구나. 다행이다.

BRAND INFO

HOMEPAGE: twl-shop.com / handlewithcare.kr

INSTAGRAM: @twl_shop / @twl_handlewithcare

mtl

+

라스다마스

About

건강하고 즐거운 삶을 탐구하는 컬처 플랫폼 mtl.
카페를 통해 독일 스페셜티 커피 보난자를 소개하며
한국의 바우하우스를 꿈꾼다.
내면의 집중을 돕는 향 브랜드 라스다마스를 론칭했다.

BONAN

차가오빠, 우와상가

지난 겨울 어느 토요일, 한남동 mtl에서 라스다마스의 론칭 팝업
행사가 열렸다. 커피 한 잔과 함께 찬찬히 둘러볼까, 하던 생각은
그 앞에 도착하자마자 와장창 깨졌다. 아마도 나와 비슷한 생각을
품고 왔을 방문객이 모두 발걸음을 돌리고 있었다. mtl 한남의 주말
오후 자리는 예상보다도 훨씬 귀한 것이었다.
동행한 아이에게 코코넛 파인애플주스를 하나 쥐여주고 갓 세상에
고개를 내민 브랜드를 살폈다. 카페 안쪽의 작은 구석이지만
자연의 이미지와 거울, 이끼를 활용한 야무진 디스플레이. 그에서
연상되는 향을 담은 제품들을 하나씩 음미해 보는 동안 라스다마스
직원은 아이에게 로고 스티커 같은 것을 쥐여주며 워킹 맘의 짧은
쇼핑을 도왔다. 디제이 부스에서 비트가 강한 음악이 흘러나오자
아이는 공간을 가득 메우고 있는 사람들을 아랑곳하지 않고 스텝을
밟으며 몸을 흔들기 시작했다. 작은 축제의 시작과 같았다.

우상규, 김효빈의 여정에는 점이 많다. 스티키쉬Steekish라는 가방
브랜드에서 시작해서 연남동 편집숍, 지역마다의 특색으로 뿌리를
내리는 동네 카페 mtl, 브랜딩 스튜디오 Apt, 보난자Bonanza 코리아
그리고 라스다마스까지 점들은 계속 이어지고 멈출 기미가 없다.
대부분의 손님이 커피를 마시러 오는 mtl의 소개 페이지에는
'카페'라는 단어가 등장하지 않는다. 건강하고 즐거운 삶을
탐구하는 컬처 플랫폼. 보다 나은 사회를 만들고자 하는 브랜드
매니지먼트 그룹. mtl의 점을 다 이으면 어떤 그림이 나올까.
무지개일까?

우상규 mtl 대표, 이하 상규
김효빈 스튜디오 Apt(구 mtl 디자인 스튜디오) 디렉터, 이하 효빈

브랜딩 컨설팅을 하는
스튜디오 Apt에서 자체
브랜드를 론칭했죠.
소개 부탁드려요.

효빈   라스다마스는 향을 통해 이야기하는 브랜드예요. 현재 향수와 핸드크림, 스머지 스틱을 만들어 판매하고 있는데 누구에게 어필하기 위함이 아닌 나 자신을 위한, 내가 편안한 공간을 만들어내는 향으로 구성되어 있어요.

이야기의 중심이 '나'군요.

효빈   해방과 자유에 대한 메시지를 품고 있어요. 자기만을 위한 것들을 추구해도 충분히 아름답고 매력적일 수 있다는 걸 보여주고 싶었어요. 그런 삶을 살아온 뮤즈들의 이야기를 들려드리고 있기도 해요.

라스다마스의 뮤즈들은
누가 있나요?

효빈   제인 버킨Jane Birkin과 수전 손태그Susan Sontag를 소개했고, 미국에서 유기농 원단으로 여성 내의를 만드는 브랜드 팬지Pansy의 디렉터 이야기도 곧 업로드할 예정이에요. 모두 자신의 의견을 소신 있게 피력하고, 그에 대해 타인과 논쟁할 수 있고, 동시에 다른 의견들도 수렴할 줄 아는 사람들이죠.

그런데 일반적으로
향수라 하면 타인에게
어필하고자 하는 의도가
담겨 있지 않나요? 나만을
위한 향이라면 인센스
스틱이나 샤워오일 같은
제품들도 충분히 설득력
있을 것 같은데요.

효빈   몸에 조금 더 오래 머무는 향을 만들고 싶었어요. 나와 가장 밀착되어 있는 감각이잖아요. 그만큼 퀄리티에 신경을 많이 썼고요. 같은 레몬 향이라고 해도 재료 등급에 따라 풍기는 향의 느낌이 천차만별이에요. 한편 천연 향료가 무조건 좋을 거라고 생각하지만 반드시 그런 것은 아니에요. 알레르기 요인을 제거하는 등의 가공도 화학으로 보거든요. 천연과 화학을 적절히 배합해서 불편한 요소들을 제거하되, 천연에 가까운 향을 내는 것이 비싼 향료들이에요. 그런 원료를 우선적으로 선택하고, 1년 동안 수십 차례 수정을 거듭했죠.

조향을 해본 적이 없어서 그런지 어렵게 느껴져요. 무한대의 경우의 수가 있는 거잖아요. 만들고 또 만들다가 '유레카'의 순간이 오나요?

효빈 세 가지 향이 목표였는데 그중 둘은 비교적 빨리 만들어졌어요. '피신느Piscine'가 마지막에 완성되었는데, 조금만 치우치면 파우더 냄새가 많이 나서 화려하게 꾸민 느낌이 나더라고요. 그렇다고 줄이면 임팩트가 사라지고요. 그러다 마지막 순간에 '이거다'라는 느낌이 와서 제작에 들어갔어요.

향수를 베이스 노트, 미들 노트, 탑 노트로 설명하는데 잘 와닿지가 않더라고요. 라스다마스 팝업 행사에 갔을 때 '고서가 가득 찬 방에서 와인 한 잔을 곁들이며 책을 읽는 느낌'이라고 했는데 향을 맡으면서 얘기를 들으니 정말 생생하게 다가오는 거예요. 세 가지 향을 라스다마스의 언어로 표현해 주세요.

효빈 첫 번째 향의 이름은 '웻랜드Wet land'예요. 깊은 숲속의 사원을 상상해 보세요. 나무가 오래돼서 윤기가 나는 짙은 고동색을 띠어요. 가만히 앉아서 눈을 감고 있는데 햇빛이 얼굴에 내리쬐는 거죠. 그때 숨을 깊게 들이쉬면 마른 장작이 타는 것 같으면서 오렌지의 상큼함도 아주 살짝 느껴지는, 그런 향이에요.
상규 참고로 제가 애용하는 향입니다.

셋 중 가장 강한 향인 것 같아요. 중성적인 느낌이 많이 나요.

효빈 우디한 느낌이 진해서 그럴 거예요. 아직 자연의 향이 어려운 분들에게는 호불호가 갈릴 수 있어요. 그래서 두 번째 '미스티Misty'는 그보다 더 대중적인 나무 향으로 풀었어요. 웻랜드가 고목이었다면 미스티는 나무를 잘랐을 때 보이는 뽀얀 속살 같은 느낌이에요. 녹음이 풍성한 산에, 맑은 날인데도 안개가 끼었어요. 크리미, 우디, 그린의 느낌이 동시에 있어서 밝아요. 고급스러운 스파에서 날 것 같은 향이라는 피드백도 들었어요. 그만큼 릴랙스되는 향입니다.

Wet land

Thyme, Orange
French Cypress
Patchouli

그럼 가장 오래 걸린 피신느는요?

효빈   아까 말씀하신 와인과 고서에 대한 설명이 바로 피신느예요. 파우더리함과 투명함이 공존하죠. 상쾌함 안에 묵직함이 숨어 있어요. 어떤 분은 프랑스 이모 집에서 나는 냄새 같다고 하더라고요.

그런데 향수치고는 가격대가 저렴한 편이에요.

효빈   용량을 작게 설정해서 더 그렇게 느낄 수 있어요. 30mL가 5만 원대, 50mL가 9만 원대 거든요. 쉽게 다가갈 수 있는 브랜드였으면 했고, 선물하기도 좋은 아이템을 만들고 싶었어요.

더 의아했던 것은 제품 구성이었어요. 요즘 많이 보이는 룸 스프레이나 고체 방향제 같은 것이 아닌 향수와 스머지 스틱이라니, 의도가 있어 보였거든요.

효빈   브랜드의 방향이 패션보다는 마인드와 바디 케어이기 때문에, 우리의 무드를 더 잘 표현할 수 있는 제품을 골랐어요. 실제로 영적인 활동을 할 때 스머지 스틱이 사용되거든요. 나쁜 기운을 쫓고 공기를 정화시켜요.

상규   사업적인 측면으로는 뷰티에서 시작해서 리빙으로 확장하려는 계획이 있어요. 그 반대는 어렵거든요. 리빙은 접근성이 높은 반면 뷰티는 예민해요. 보여드리고 싶은 건 많지만 뾰족하게 출발했죠.

mtl 카페를 여러 지점 운영하지만 자체 브랜드는 처음이죠. 그런데 왜 향이었나요?

효빈　mtl 효창점 오픈 전후로 번아웃이 왔는데 조향을 배우면서 도움이 많이 됐어요. 수업을 들으면서 마음을 정화하고 회복하는 느낌을 받았거든요. 향료마다의 효능과 영향을 공부하면서 향의 매력에 푹 빠졌어요. 좋은 음식이 몸을 위한 거라면 좋은 향은 정신을 위한 것이라고 생각해요.

상규　많은 사람이 명품 브랜드의 향수로 입문하죠. 저 또한 그랬고요. 그런데 효빈을 통해 편안한 향이 무엇인지 알게 된 뒤로 화학적인 향을 맡기가 힘들어졌어요. 실제로 두통이 심하게 와요. 결국 집에 있는 향수를 다 갖다 버렸죠. 그런 경험을 하고 나니 향이 사람들의 삶을 바꿀 수도 있겠다는 확신이 생겼어요.

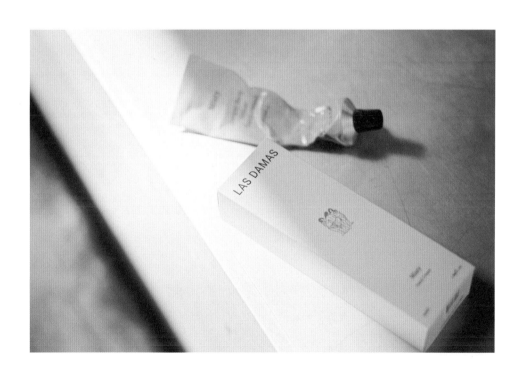

라스다마스를 만드는 것은 대부분 효빈 디렉터님의 역할이었는데, 정작 사업 제안은 상규 대표님이 하셨다고요.

상규 　mtl이 카페를 중심으로 돌아가다 보니 오프라인 의존도가 높았어요. 코로나를 겪으면서 너무 불안정했죠. 시기를 타지 않고 지속적인 매출을 낼 수 있는 온라인 브랜드가 있으면 좋겠다는 생각이 들었고, 효빈이 가장 잘 할 수 있는 것은 향이라고 판단했어요.

그런데 향수는 오프라인에서 맡아봐야 선택할 수 있잖아요. 모순적이지 않나요?

효빈 　그래서 시향지 서비스를 제공하고 있어요. mtl에 오면 모든 샘플을 만날 수 있고요. 이상적으로는, 라스다마스 무드에 동기화되어서 그 느낌을 유추할 수 있는 분들이 구매하기를 기대해요. 그래서 제품뿐 아니라 다양한 콘텐츠를 제작하고 있죠. 결국 우리의 메시지에 동참하고 싶은 사람들이 고객이 될 거예요.

온라인을 의식해서인지 패키지 또한 독특해요. 민트색 브랜드 컬러, 브라운 체커보드, 그리고 일러스트 로고. 그동안 향 브랜드에서 볼 수 없었던 느낌이에요.

효빈 　가장 앞 단의 후킹(사로잡는)은 패키지에서 일어나야 해요. 브랜드가 쉽게 인식되는 컬러, 패턴, 로고가 있어야 하는데 민트색이 주는 균형감이 좋았어요. 거기에 트렌디함을 더하고 활용도가 높으면서도 휴양지에서 쓸 법한 패턴을 찾았어요. 그게 체커보드예요. 더불어 기억에 잘 남을 만한 일러스트 로고를 만들었어요.

브랜딩 컨설팅을 많이 해와서 그런지 공식이 명확하네요.

상규 　완성된 상태에서 설명하니 그렇게 들리지만 감으로 결정하는 경우도 많아요. 결국 차이는 거기에서 오는 것 같아요.

효빈 　맞물려서 가는 거죠. 라스다마스의 중요한 키워드는 밸런스예요. 여러 가지 측면의 균형을 계속 맞춰가고 있습니다.

자체 브랜드를 론칭하면서
한층 성장했다고
느끼겠어요.

상규   좋은 브랜드를 만드는 것과 그걸 잘 파는 것은 다른 문제예요. mtl이 오프라인과 온라인 유통을 모두 아우르는 회사가 되니 거기에서 오는 인사이트가 분명히 있어요. 컨설팅만 하다 보면 상상에 기인한 얘기를 해야 할 때도 있거든요. 하지만 저희는 직접 경험한 데이터를 기반으로 클라이언트에게 가이드를 드릴 수 있게 됐죠. 디자인을 잘하는 스튜디오는 많아요. 하지만 사업적인 실효성과 지속가능성을 조언할 수 있는 디자인 스튜디오는 드물죠.

손바닥도 마주쳐야 소리가 난다. 엑셀과 브레이크, 설탕과 소금,
버터와 마늘, 김효빈과 우상규. 하나가 재료를 주면 하나가 요리를
하고, 하나가 연필을 쥐여주면 하나는 글을 썼다. mtl이 단순 카페나
디자인 스튜디오에서 그치지 않은 것은 두 사람의 욕망과 희망이
서로를 발판 삼아 오르고 또 오르기에 가능한 일이었다. 동업은
원 플러스 원이 아니라 누군가의 제곱이었던 것이다.

둘은 표현을 돌려서 하는 법이 없었다. 나지막이, 하지만 분명하게
원하는 바를 이야기하면 상대방은 귀와 마음을 열었다. 그래서 대화가
많다. 정말로 많다. 김효빈이 운영하는 유튜브 채널에서는 둘이 이동
중에 쉴 새 없이 이야기를 나누는 장면들이 반복해서 나온다. 사람과
사람이 오래도록 깊은 관계를 유지하는 데에 필요한 것은 다른 무엇도
아닌 대화, 즉 사고의 공유. '말이 통한다.'라는 짧은 문장은 서로 다른
세계가 부딪히고 합쳐지는 마법 같은 화학작용을 담고 있다.

두 분의 역할이 경영 (상규)과 크리에이티브 (효빈)로 나눠져 있죠. 언제쯤 본격적으로 역할 분담을 했나요?

상규 mtl 동탄점을 오픈하고 인하우스 디자이너를 채용할 수 있을 정도의 규모가 되었을 때요. 효빈이 스튜디오와 mtl 업무를 모두 맡으면서 점차 역할 분담의 필요성을 느꼈어요. 업무 과중인 데다 성격이 다른 일을 동시에 하려니 언쟁이 오가기도 했거든요. 역할을 분리하면서부터는 일 때문에 싸울 일이 없어졌어요.

보다 집중할 수 있는 환경이 만들어진 거네요. 두 분은 세계 여행을 하다가 만나서 동업을 시작하고, 동거를 하다가 부부가 되고, 그 어느 때보다 끈끈한 사업 파트너로 살아가고 있는데 관계에 변화가 많았어요.

상규 함께한 지 11년 차가 되었는데 체감으로는 20~30년 정도 된 것 같아요. 중년 부부처럼 함께 산책하는 게 제일 좋아요. 매일 같이 일하는데 잠깐만 떨어져 있어도 할 얘기가 산더미처럼 쌓여요. 업무 용건도 있지만 서로의 생각이 궁금하거든요. 처음부터 모든 걸 같이 해서인지 연애 감정은 1년 정도 갔어요. 연인보다는 소울메이트 같은 느낌입니다.

효빈 일하다 보면 힘든 마음이 찾아오는데 둘이 동시에 가라앉으면 안 되잖아요. 한쪽이 힘들어하면 다른 한쪽이 힘을 내서 일으켜 세워줘요. 일종의 생존 본능인 것 같아요.

서로 어떤 식으로 힘을 주나요?

상규 효빈은 정신적인 지지를 많이 해주는 편이고, 저는 해결책을 제시하는 스타일이에요. 다행히 그게 서로에게 실질적인 도움이 되어줘요. 어떤 직업이든 특정 시기에 특정 어려움이 있다고 생각해요. 다른 직업을 선택해도 때가 되면 비슷한 어려움을 겪을 거라는 거죠. 요즘에는 이런 이야기를 나누면서 받아들이려고 노력하고 있어요.

효빈 그리고 필요한 건 솔직하게 요구해요. "나 지금 칭찬 두 개 해줘.", "이런 일이 있는데 축하해 줘."라고 얘기하면 정확하게 요점을 알고 잘 얘기해 줘요.

그게 참 신기한 것 같아요.
엎드려 절받기인데도,
파트너의 목소리로 듣는 게
효과가 있나 봐요.

효빈 디렉터님이
크리에이티브를 맡아서
더 말랑말랑할 것 같지만
실제로는 상규 대표님의
감수성이 더 풍부해 보여요.

상규　진짜 내 편이니까요. 사회생활을 하다 보면 자주 외로워지잖아요. 그래도 정말 내 마음 같은 사람이 한 명은 있다는 든든함이 생겨요.

상규　맞아요. 제가 더 예민하고 생각도 많아요. 다만 회사 내에서 역할을 나눌 때는 효빈보다 제가 경영을 맡는 게 더 적합하다고 판단했어요. 감수성이 풍부한 게 경영 측면에서 큰 장점은 아니지만 mtl에는 어느 정도 필요한 성향이라고 생각해요. 여튼 걱정도 유전인 것 같아요. 효빈의 부모님은 걱정이 별로 없으시거든요.

효빈　세계 여행을 하게 된 경유도, 부모님이 프랑스에서 기차표를 한 장 쥐여주면서 당신들은 한국으로 돌아가셨기 때문이에요. 엄마가 항상 그랬어요. 걱정은 생각을 키우고 오히려 문제가 일어나길 바라는 거라고요.

54

그래서인지 항상 얼굴에서 빛이 나요. 상규 대표님이 고민에 잠겨 있으면 효빈 디렉터님이 한마디 툭, 던지면서 꺼내줄 것 같아요. 최근의 몽골 여행도 효빈 디렉터님이 제안한 건가요?

효빈　저도 예민한 편이지만 돌아서면 잊어버려요. 단점보다 장점을 더 잘 보기도 하고요. 큐(상규)는 생각이 많은 타입이라 큰 결정은 제가 내리고, 디테일한 선택들은 큐의 판단에 많이 의존해요. 몽골도 제가 가자고 했죠.

상규　저는 고생하는 여행을 좋아해요. 여행의 목적이 새로운 자극을 찾아 떠나는 것인데, 생경한 장소와 문화에서 매력을 많이 느끼거든요. 둘이 세계 여행을 했을 때도 중동에 있는 요르단이라는 나라가 제일 좋았어요.

그런 곳에 다녀오면 내면에 어떤 변화가 일어나나요?

상규　시야가 넓어지죠. 여행지에 대해 공부를 많이 해요. 직접 가서 보면 머리에 쏙쏙 들어오거든요. 몽골 사람들이 한국 문화와 얼마나 밀접하게 연결되어 있는지 보고 깜짝 놀랐어요. 이마트나 GS 같은 국내 브랜드들이 주목받는 기업이 되어 있더라고요.

'나는 세상의 먼지구나.'
같은 생각을 할 줄
알았는데 뼛속까지
경영자네요(웃음).
효빈 디렉터님은요?

효빈　저는 그냥 거기에 있었어요. 머리를 안 감고 돌아다녀도 상관없는 사회가 너무 좋았어요. 인터넷이 안 돼도 잘 사는데 나는 왜 그렇게 하루하루에 목매는가, 하는 생각도 들고요. 아무것도 없어도 살아갈 수 있음을 배운 거예요. 바로 어제와 오늘의 일상이 너무 이질적이어서 마치 시간 여행을 한 것 같기도 했어요. 이런 경험은 내가 아는 게 세상의 전부가 아니라는 사실을 깨우치게 해주죠.

예전에 스웨덴으로도
훌쩍 떠났죠?

효빈　그때가 바로 번아웃이 왔을 때였어요. 어디선가 스웨덴에 대한 책을 보고 돌연 이민을 결심한 거예요.

상규　그래서 많이 싸웠어요. 두 번째 매장을 연 지 얼마 되지도 않았는데 이민이라뇨.

효빈　정말 진지했는 걸요. 결국 한 달 동안 예술학교의 수업을 듣고 살아보는 걸로 타협했죠. 결론적으로는 이방인의 삶이 어떤 것인지 다시금 깨달은 경험이 되었어요. 하지만 한국에 들이고 싶은 스웨덴 문화를 새길 수 있었답니다. 이민은 안 가기로 약속했지만, 큐가 한국에서도 스웨덴처럼 살게 해주겠다는 말이 너무 좋았어요.

상규　mtl의 꿈은 한국의 바우하우스(1919년 건축가 발터 그로피우스가 설립한 독일의 조형 학교)라는 말을 그때부터 하고 다녔어요. 효빈이 다녀온 학교가 한국에 있다고 상상하니 정말 근사하더라고요. 작게는 학교, 크게는 마을 같은 것을 만들어서 스웨덴처럼 살 수 있지 않을까, 하는 꿈을 키우기 시작했어요.

효빈 디렉터님의 욕구를
상규 대표님이 잘
받아주고 키워주는 것
같아요.

상규   효빈이 배우라면 저는 매니저 같은 사람이에요. 씨앗을 가져오면 잘 발아될 수 있도록 힘을 쓰죠.

저는 흡수력이 좋아서 뭐가 좋다고 생각되면 삶에 빠르게 적용하는 스타일이에요. 다행히 큐가 그런 성향을 좋게 봐주고, 그게 저를 더 멋있는 사람으로 만들어줘요. 그리고 제가 끌리는 것들이 사람들에게도 좋은 영향을 줄 수 있다는 걸 알아서 저의 관심사를 사업에 투영할 수 있죠.

mtl 베이커리의 패키지를 자세히 본 사람이라면 'BAKERY FOR EVERYONE'이라는 글귀를 발견했을 것이다. 이는 곧 비건 지향인도, 그렇지 않은 사람도 모두 즐겁게 먹을 수 있는 빵이라는 뜻이다. 그러니까 어느 한 쪽도 배척하거나 두둔하지 않는, 한층 더 깊은 배려가 깃든 문장이며 공간을 운영하는 이의 이해도가 어디까지인지 엿볼 수 있는 mtl만의 디테일이다. 숍의 매대 위에는 라스다마스 향수만큼이나 건강한 샴푸바와 립밤, 대나무 빨대 같은 상품들이 놓여 있고 그 사이사이에 꽤나 힙한 분위기를 풍기는 열쇠고리나 라이터가 균형을 맞춰주고 있다. 디자이너 조명이 걸려 있고 재고 박스가 쌓인 사무실 안을 유기견 '뽀글이'가 배회하고, 일본에서 온 유기농 탄산 주스를 한 모금씩 들이는 인터뷰 현장의 입체적인 공기와도 같이.

mtl에 자주 들르는 손님은 커피잔에 'Bonanza' 로고가 인쇄된 것도 눈치챘을 것이다. mtl은 베를린의 보난자 커피를 빼놓고 이야기할 수 없다. 연남동 편집숍에서 한남동 카페로 확장하면서 한국의 어린 디자이너 둘은 간절한 마음으로 세계적인 스페셜티 커피 브랜드에게 러브콜을 보냈다. 그리고 6년 뒤, 보난자의 아시아 마켓을 운용하는 회사가 되었다. 보난자 군자점은 서울어린이대공원을 마주 보고 서 있다. 좌측 건물에는 건물만큼이나 거대한 로스팅 기계가, 우측 건물에는 100평이 무색할 만큼 자리가 꽉 들어찬 카페가. 특히 야외 자리에 살랑이며 앉아 있는 사람들의 모습은 광진구 능동의 기운을 순식간에 이국적으로 변모시켰다. 공원에서 신나게 뛰논 아이는 부드러운 감자 수프로 출출한 배를 채우며 엄지를 척, 하고 들어 올렸다.

mtl에서 줄곧 보난자 원두를 받아서 쓰다가 드디어 군자에 카페를 오픈하면서 로스터리가 생겼는데 어떤가요?

상규 사업적으로 완전히 새로운 문이 열렸죠. 원두를 수급받으면서 카페를 운영하는 건 전형적인 오프라인 장사이지만 자체 생산은 곧 유통이 시작된다는 뜻이거든요. 이를 구축하기 위해 막대한 투자가 들어갔기에 당장의 이득은 아니지만 멀리 볼 수 있는 관점이 생겼다는 점이 굉장히 만족스럽습니다.

어린이대공원과 코스로 방문할 수 있게 의도한 위치인가요? 아이와 놀고 잠시 쉬러 들렀는데 너무 좋더라고요. 탁 트인 전경에 가로수도 많이 보이고요.

상규 그보다는 공장 특성상 충족해야 하는 규제들이 많았어요. 성수나 문래동에서도 가능하지만 너무 밀집된 동네는 피하고 싶었고요. 반년이 넘도록 자리를 못 찾아서 서울을 포기하려던 차에 직원이 찾아냈어요.
효빈 건물을 보러 가기로 한 날이 마침 보난자 대표가 서울을 방문하는 날이었어요. 운명 같았죠. 독일에 있는 보난자 본사보다 더 멋지다면서 좋아했답니다.

mtl을 통해 원두를 소개하는 것에서 그치지 않고 보난자 코리아를 설립했는데, 브랜드를 따로 전개하는 이유가 있나요?

상규 겉으로는 둘 다 카페이지만 내부적으로는 매우 다른 브랜드로 인식하고 있어요. mtl은 좋은 플랫폼이라고 생각해요. 지금은 커피를 마시기 위해 mtl을 찾는 분들이 대부분이지만 저희는 mtl을 카페라고 칭하지 않아요. 커피가 없어도, 혹은 잠시 멈췄다가 새로운 모습으로 돌아와도 메시지가 잘 전달되는 플랫폼이라면 무엇이 돼도 괜찮을 것 같아요. 그에 비해 보난자는 커피 그 자체죠. 20년 전에 독일에서 시작한 스페셜티 전문 브랜드이고, 저희가 아시아 시장의 대변인 역할을 하고 있습니다.

그렇다면 각각의 아이덴티티를 어떻게 달리 만들어가고 있나요?

상규 보난자와 mtl 콘텐츠는 완전히 달라요. 보난자는 조직적이고 체계적인 커피 브랜드이기 때문에 유니폼을 입는다면 mtl은 좀 더 자유분방한 분위기를 내요. 직원 인터뷰도 mtl에서만 진행하죠. 디제이들이 음악을 틀 수 있는 '오픈덱' 등 로컬 성격을 띤 이슈들이 계속 만들어지고요.

효빈 음악도 다르고, 음식도 달라요. 보난자는 유럽에서 온 오리지널 브랜드이기 때문에 유럽 사람들이 편하게 즐길 법한 전통적인 베이커리와 음식이 준비되어 있어요. 반면 mtl에서는 비건에 대한 메시지를 더 드러내기도 하고 메뉴 구성에도 트렌디한 느낌을 담았죠.

상규 사실 보난자 코리아를 먼저 시작했으면 좋았겠다고 생각해요. 그랬다면 mtl의 카페 부분을 지금처럼 크게 두지 않았을 거예요. mtl을 시작할 때는 이익 창출을 위해 커피를 어필할 수밖에 없었어요. 만약에 다음 mtl 매장을 낼 기회가 온다면 카페가 아닐 거예요.

mtl의 코어는 '좋은 걸 공유하는 것'이라고 했는데 그 활동에 커피가 필수적인 것은 아니군요.

상규 네, 그래서 카페라면 굳이 하지 않아도 될 프로그램들을 진행하고 있어요. 어떤 이름으로 규정하지 않아도 mtl에 왔다 간 경험이 좋은 기억으로 남았으면 좋겠어요.

다음 mtl이 무척 궁금해지네요. 조만간 지방에 땅을 보러 다니는 거 아닌가 모르겠어요.

상규 아예 새로운 방식에 도전하고 싶어요. 가장 소망하는 것은 기성 교육과 다른 방향성을 가진 교육 기관, 또는 마을의 기능을 할 수 있는 온오프라인 공간을 만드는 거예요. 사실 사업적으로만 보면 mtl을 최대한 축소시키고 보난자에 투자하는 게 훨씬 유리해요. 하지만 mtl이 없어지면 우리의 정신이 없어지는 것과 마찬가지예요.

이래서 mtl에는 감수성이 풍부한 CEO가 필요합니다.

효빈 저는 너무 힘들면 그냥 없애지 그러냐고 물어요. 나중에 또 하면 되지. 그런데 정말 mtl이 없어지면 자기가 없어지는 거라고 하더라고요.

상규 한남점은 어느새 7년 차가 되었어요. 고객들이 자기의 추억이 그 자리에 그대로 있다고 하면 정말 기분이 좋아요.

mtl이 생각하는 '좋음'이 꽤 명확한 것 같아요.

상규 구체적이에요. 예를 들면 mtl에는 노키즈 존이 없어요. 카페는 사람을 수용하는 공간이고 우리는 좋은 경험을 주고 싶은데 무엇을 거부한다는 것부터가 목적에 상충하는 행위예요. mtl에는 경계를 두고 싶지 않아요.

효빈 그게 바로 리얼리티예요. 뭐든 진짜에서 출발해야 돼요. 그래서 클라이언트 일에서도 그들의 진심을 탐구하는 데 힘을 많이 기울여요. 진정성이 안 느껴지는 브랜드는 만들기도 어렵고 소비하기도 힘들어요.

이야기만 들으면 굉장히 진보적이고 철학적인데 겉으로는 소위 힙하다고 느껴질 감도를 만들어냈어요. 한쪽으로 치우치기 참 쉬운데 항상 신기했거든요. 둘이라 가능한가 싶기도 하고요.

효빈 그게 더 멋있다고 생각했어요. 소신이 있다면 상업적으로 풀어서 사람들과 공유하면 좋잖아요. 혼자 알고 있는 것보다 그편이 더 쿨한 것 같아요.

그 또한 비즈니스 마인드가 있어야 가능하고, 트렌드에 민감하면서도 자기만의 스타일대로 풀어내는 단계가 또 남아 있죠. 그런 면에서 두 마리 토끼를 잡고 있네요.

상규 그래서 느린 것 같아요. 이제는 비교 대상이 기업입니다. 개인의 자아실현이 아니라 직원들과 함께 생존하고 미래를 꿈꿔야 하기 때문에 철저하게 현실이죠. 제가 경영자로서 부족하다고 느끼는 이유도 바로 기업 CEO를 기준으로 두기 때문이에요.

그렇게 말씀하시니 갑자기 거리가 느껴지는데요 (웃음). mti은 아마 제가 가장 많이 인터뷰한 대상일 거예요. 자그마치 네 번째인데, 항상 기꺼이 응해주어서 고맙기도 하고 놀랍기도 했어요. 주로 제안이 들어오면 수락하는 편인가요?

상규 효빈이 한수 위겠지만 저는 긍정의 에너지를 믿어요. 이 모든 게 결국 나를 좋은 데로 데려다 줄 거라고 생각하거든요. 큰 기대 없이 잡았던 일들이 새로운 기회를 가져오는 경우가 있죠. 아니더라도 그렇게 생각하려고 하고요.

효빈 비록 그 일을 충분히 소화해 내지 못하는 사람이었다고 해도 과정에서 결국 성장할 것을 아니까요. 그리고 적극적으로 행동하지 않으면 그런 일들을 위해 스스로 여분의 시간을 낼 수 없어요.

자신감이 100%가 아니어도 시도한다는 건데, 그러고 나면 아쉽다는 생각이 들진 않나요?

효빈 당연히 들죠. 끝나고 나면 울어요. 그래도 다음이 있잖아요. 빨리 안녕, 하고 보내줘요. 저는 되고 싶은 모습이 많으니까요.

상규 40대까지는 다 연습이라고 생각해요. 정말 되고 싶은 자신으로 가는 연습. 여행과 비슷한 것 같아요. 이런 인터뷰도, 강연 같은 기회들도 다 좋은 자극이 되죠.

효빈 모두 자산과 경험치가 돼요. 하고 싶다는 마음이 드는 범주 안에서는 많이 해볼수록 좋다는 주의입니다. 삶이 풍부해져요.

그 연습이 끝나면 드디어 한국의 바우하우스에서 뒷짐 지고 산책하시려나요.

상규 그럴 수 있었으면 좋겠어요. 아름답지 않아요? 생각이 비슷한 사람들끼리 모여서 건강한 시간을 나누는 거요.

15년 뒤면 제 아이가 갓 성인이 되었겠네요. 그때 정말 mtl 마을이 있었으면 좋겠어요.

상규 그런 이야기를 나눈 적이 있어요. 지금 mtl을 경험한 누군가가 10년 뒤에는 부모가 되어 있을 수 있잖아요. 아이에게 용돈을 쥐여주면서 mtl에 가서 놀다 오라고 하는 거예요. 멋진 어른이 되고 싶다면 거기에 가. 음료를 하나 시키고, 비치된 책도 보면서 형, 누나들의 옷차림도 보고. 당장 내일인 것처럼 생생하게 그려져요.

아이를 키우면 시간의 흐름이 완전히 다르게 느껴진다. 아이와
함께하는 경험은 그 농도가 매우 짙다. 서른다섯의 나와 마흔의
나 사이에는 대단한 차이가 없는 것 같지만 한 살과 다섯 살은 모든
면에서 다른 생명체다. 여느 여행지와 다를 바 없이, 아이와 방문한
mtl은 매번 다른 공간이었다. 그곳에 가면 나는 정신없이 지나가
버렸다고 생각했던 추억을 생생하게 그릴 수 있다. 우리가 함께
만나게 될 훗날의 mtl을 기다리지 않을 수 없다.

집에 돌아오니 화장대 위에 놓인 향수병이 눈에 들어왔다.
제주공항에서 구매한 유명 제품. 나의 체취나 이미지와 잘 어울리는
선택이었지만 솔직히 무엇을 기대하며 이 비싼 향수를 샀을까.
나를 둘러싼 모든 선택의 기준은 어디에 있나. 혼자 보내는 날과
만남이 있는 날의 모습을 떠올리며 그 간극이 좁아지면 삶이 한결
단순해지겠다는 생각이 들었다.

BRAND INFO

HOMEPAGE: mtl.co.kr / lasdamas.kr
INSTAGRAM: @mtl_shopncafe / @lasdamas.official

카바 라이프

About

국내외 문화 예술계 창작자들과
그들의 작품을 소개하는 아트 커머스 플랫폼.
일상 속에서 '사용할 수 있는 예술'을 표방하며
형식에 얽매이지 않는 기획과 실행으로 업계를 선도한다.

동대문역사문화공원역에서 4호선으로 갈아탄 후, 숙대입구역에서
하차했다. 몇 년간 이 동네를 방문할 일이 없었는데 지난 2주 동안
벌써 세 번째다. 동일 지역에 연달아서 일이 잡혔다는 것은 어떤
움직임이 이미 시작되었다는 신호인지도 모른다.
지하철역 바로 앞에는 로스앤젤레스의 한인 타운에서 마주칠
것만 같은 외관의 고기 식당이 있었다. 주변 상점들의 상반된
분위기가 나의 혼란을 부추겼다. 프랜차이즈 드럭스토어가 차지한
큰 길가와 번잡한 식당들이 즐비한 골목. 이 길인가 저 길인가
잠시 헤매다 기껏해야 성인 몸 폭의 1.5배 정도 되는 좁은 입구에
다다랐다. 가파른 계단은 2층의 불 꺼진 노래방으로 이어졌고,
의구심을 떨치지 못하던 차에 3층 문에 붙어 있는 당구공 같은
노란색 오브제를 보고 안도했다. 나이 든 문을 열고 들어서니
50평은 훌쩍 넘어 보이는 밝은 공간이 펼쳐졌다. 극히 상반된
공간의 대비가 주는 신비로움. 언제 겪어도 즐거운 경험이다.

카바 라이프(이하 카바)는 자매인 최지연 대표와 최서연 이사,
그리고 최지연의 남편인 박치동 건축가가 함께 일궈낸 아트
커머스 플랫폼이다. 가오픈을 앞둔 쇼룸에는 박치동이 세워 올린
목재 선반들이 작품들을 받치고 있었다. LDCD 팝업 행사장에서
짤막하게 인사를 나눴던 최서연이 쾌활한 모습으로 반겼다.
여전히 멋지다고 생각하고 있는데 미용실에 갈 시간이 없었다며
수더분한 숏컷을 매만진다. 최지연의 손가락에 낀 반지들과
더불어 딸이 발라주었다는 까진 매니큐어가 눈에 띄었다.
좋아하는 것에 열심인 시간이 고스란히 드러나는 장면들.
낯선 이에게 반하는 건 이렇게 쉽다.

70

주얼리를 많이
착용했네요. 좋아하나
봐요.

불모지에 장기적인
투자가 필요한 일일수록
사심에서 시작되는 것
같아요. 그런데 딱 봐도
두 분 취향이 다를 것
같은데요.

지연   이건 이래서 좋고 저건 저래서 좋죠.

서연   카바 VIP입니다(웃음).

지연   패션도 좋아하지만 공예에 워낙 관심이 많아요. 카바
를 시작할 때만 해도 많이 안다고 할 수는 없었는데, 작가님
들을 직접 만나면서 더 깊어지고 있어요.

서연   대표님이 디테일이나 미감에 강하다면 제 관심은 문화
전반에 걸쳐서 포진되어 있는데, 장르적인 관점보다는 실험
적인 분들을 좋아해요. 인물이나 흐름의 등장이라고 할까요.
그래서인지 컬러나 형태도 특이하고 급진적인 걸 선호해요.

지연   가끔 무섭다고 느껴질 정도로 별난 걸 좋아하더라고요.

그런 작품을 바잉하는
것은 리스크가 크지
않나요?

지연   카바는 모두 위탁 판매로 운영하고 있어요. 현재 만 가
지가 넘는 리스트를 보유하고 있습니다.

그래서 이렇게 방대한
큐레이션이 가능한
거군요. 서연 이사님의
취향은 반응이 어떤가요?

서연   백 명 중 세 명 정도가 좋아해 주는 것 같아요. 소비자
보다는 업계나 미디어 선호도가 높더라고요. 기획자 출신이
라 시장성보다는 시의성에 초점을 많이 둬요. '지금 소개하는
것'이 중요한 거죠.

'카바Cava'가 스파클링
와인을 뜻한다고요.
일상에서 톡톡 튀는
역할을 맡았으면 했나요?

서연   불어로는 "싸바"라고도 읽어요. 동음이의어는 아니지
만 연상되는 것들이 많죠(불어로는 '잘 지내'라는 뜻이다). 정확한 뜻
을 묶어놓고 싶지 않았어요. 좀 더 편하게 오픈해 놓을 수 있
지 않을까, 그게 예술에 가까운 지점이 아닐까 했어요. 스파
클링 와인을 축하주로 많이 마시니까 그런 기분 좋은 역할을
하면 좋겠다는 의미는 나중에 더한 거예요.

예술에서 출발해 예술로
끝나는군요. 로고의
첫 번째 A에 반구가 달려
있는데, 무슨 뜻인지
궁금해요.

지연   그것도 큰 의미가 있는 것은 아니에요. 저희가 좋아하
는 오래된 공업사들에서 영감을 받았어요. 옛날에는 완전한
디자인이 많았거든요. 타임리스한 느낌을 담고 싶었어요. 너
무 페미닌하거나 장식적이지 않은, 그렇다고 너무 단단하거
나 보수적이지도 않은 느낌이요. 잠깐 반짝하고 사라질 브랜
드가 되고 싶은 게 아니니까요.

서연   사실 뭐가 될지 모르고 시작했어요. 사업자등록을 할
때 업종을 백만 가지 정도 등록했을 거예요. 카바가 아트 신
을 토대로 나아갈 수 있는 방향은 정말 다양하거든요. 기업
을 대상으로 하는 프로젝트도 있고, 아트 페어를 열고 싶기
도 하고요.

처음부터 그런 가능성을 고려하고 시작했나요? 아니면 일을 하다 보니 보이기 시작하던가요?

지연 둘 다인 것 같아요. 지금처럼 구체적으로 그리진 않았지만요. 이 모든 것의 근간이 되었던 일은 2000년대 초반에 박치동 이사님이 기획했던 '디자이너스 플래닛'이에요. 당시 런던이나 도쿄에 가면 재미있고 참신한 디자이너들의 축제가 열리곤 했거든요. 서울에도 있었으면 좋겠다는 마음으로 시작했는데 본업을 유지하면서 비영리로 운영하다 보니 지속하기 어려웠어요.

서연 특정 시장에 가능성이 있다는 이유로 접근한 적은 한 번도 없었어요. 오히려 그 반대였죠. 그동안 작가들은 전시를 통해서만 소통해 왔어요. 그것도 같은 군끼리요. 도예 작가는 도자전, 디자이너는 디자인 페어였는데 저희는 모든 걸 뒤섞은 무엇을 만든 거죠.

지연 그 이유는 카바를 운영하는 셋의 관심사가 넓고 달랐기 때문이에요. 눈 씻고 찾아봐도 셋은 공통점이랄 게 없는데 굳이 따지면 관심사가 방대하다는 거예요.

어떻게 보면 기준이 없는 것 아닌가요? 카바 밖에서 보면 그냥 티셔츠나 수건에 불과할 수도 있잖아요.

서연 예술의 기준이 무엇이냐는 정답형 질문으로 접근하면 끝이 없어요. 생각하기 나름이죠. 굳이 명칭을 붙이자면 저희는 '창작품'이라고 하는데, 오리지널리티와 시의성, 그리고 다소 웃긴 표현이지만 창작자가 얼마나 진지하게 만들었는지 보려고 해요.

지연 패션, 특히 주얼리 같은 경우 반드시 아트 주얼리가 아닌 양산품 역시 창작품으로 인정받는 경우가 많아요. 그게 다른 장르까지 적용되지 않는 이유는 관습 때문이에요. 저희는 그걸 깨고 싶은 거고요.

그래서 카바의 작품들의
가격대 폭이 매우 넓죠.

지연   맞아요. 한편 공예 작가들이 항상 어려워하는 부분이
에요. 작품이라는 위치를 고수할 것이냐, 접근성이 높은 가격
대의 작업을 할 것이냐의 갈림길에서 고민하는데 그냥 둘 다
하면 되거든요. 반드시 하나의 포지션만 지켜야 한다고 생각
하지 않아요.

패션하우스가 세컨드
브랜드를 운영하는 것과
같은 구조네요.
그 다양성이 오히려
카바의 강한 아이덴티티와
생태계를 구축한 것 같아요.
제가 작가라도 반드시
합류하고 싶은
곳이 되었고요.

지연   유연성이 중요해요. 변화가 빠른 분야이기 때문에 발맞
춰서 가야 하고요. 초기에는 작가님들을 직접 만나고 영감을
얻곤 했어요. 그때 빚어놓은 덩어리가 주축이 되었죠. 다양한
매체를 활용하는 분들이 많았는데, 마침 저희가 지향하는 방
향이었어요. 그걸 본 다른 분야의 작가들이 합류하고, 그렇게
새로운 영역의 작품들이 버무려지면서 판이 확장되었어요.
서연   그래서 '문화'라는 표현을 좋아해요. 동시대의, 비슷한
가치관을 공유하는 창작자들이 모여서 서로 영향을 주고받으
며 시너지를 일으키고, 실질적으로 협업 기회를 만들 수 있어
요. 카바는 플랫폼이니까요.
지연   작가들이 카바 홈페이지에 직접 작품 등록을 해요. 그
렇게 할 수 있도록 어드민을 손수 설계했거든요. 개발하느라
고생을 많이 했지만, 그래서 더욱 직관적인 사이트가 나온 것
같아요.

아직 아트 업계나 카바를
경험하기 전인데 어떻게
그렇게 에너지를 투자할
수 있었나요?

서연   돌이켜 보면 막연한 확신이 있었던 것 같아요. 셋 다
오래 해온 일이 있었고, 인생 2막에 대한 갈증도 있던 차였거
든요. 카바는 창립자들이 각자의 분야에서 달여 온 엑기스를
모으는 프로젝트였어요. 그리고 올인하지 않으면 결과가 나
오지 않는다는 것도 잘 알고 있었죠.

자매나 부부 동업은 흔하지만 그걸 다 합친 형태는 처음인데요.

서연　치동 이사님이 아니었으면 저희 둘이 꽁냥꽁냥 소꿉놀이하고 있었을지도 몰라요. 제트엔진 같은 분이에요. 부스터 역할을 하죠. 이사님이 큰 그림과 구조를 짜면 저희는 구체적으로 실행하는 걸 잘하고요.

괜히 건축가가 아니군요.

지연　셋 중 제일 꼼꼼하고 현실적이에요.

서연　저희는 주로 실무에 치여서 매몰되는 경우가 많아요. 그럴 때 치동 이사님이 밖으로 꺼내주죠. 지시를 하는 게 아니라 오래 고민해 보고 제안하는 스타일이라 항상 고마워요.

그런데 항상 인터뷰에서는 빠져 있더라고요.

지연　원채 인터뷰를 좋아하지 않아요. 큰 화제가 되었던 네이버 1784 신사옥도 박 이사님이 총괄 디렉터로 참여한 작품이에요. 그런데도 인터뷰를 안 해요. 후배들에게 기회를 줘야 한다나요. 분명 대단한 사람이에요.

정작 외부에 얼굴을 내비치는 일이 없는 박치동은 카바의
주춧돌 같은 존재인 듯했다. 첫 번째 쇼룸 역시 그가 설계하고
지었으며, 두 번째 쇼룸의 전시대도 그의 결과물이었다.
제각각의 형태와 색감과 용도의 물건들을 돋보이게 해줄
기둥들. 따로 조명을 설치하지 않아도 하나하나 균일하고
공평하게 빛을 비추는 시스템. 전시된 작품 중에는 본인이
디자인하고 만든 소형 벤치도 있었는데, 시리즈를 만들고
싶지만 바빠서 일단 벤치만 몇 개 놓았다고 했다.
카바는 그에게도 재미있는 꿈을 꿀 수 있는 곳, 숨 가쁜 생계
사이에서 잠시 숨을 돌릴 수 있는 곳이었다. 창립자가 직접
작가가 되어 닮은 마음을 가진 작가들을 모으는 플랫폼.
규칙이 차지하는 자리를 너그러운 소속감이 대체하는 세계.
까다로운 심사보다는 자유로움을 잣대 삼아 작품을 선보일 수
있다는 희망, 그리고 그곳이 카바 라이프라는 자부심까지 갖게
해주는 보금자리였다.

쇼룸에 들어오자마자 속이 뻥 뚫리는 기분이 들었어요. 요즘 어딜 가나 비슷한 것들이 많은데 여기에 있는 많은 것들이 새로워서 그런 것 같아요. 언제부턴가 나만의 취향이라고 생각했던 것이 모두의 취향이 되어 있잖아요.

지연 새로운 걸 찾아다니는 일도 한몫하지만, 창작자 본인의 색깔을 어떻게 드러낼까에 대한 고민은 끝이 없어요. 카바에서는 창작자가 우선이에요. 정말 단순히 작업이 좋아서 소개하는 기거든요. 그분들이 다 하는 거예요. 저희는 판을 깔아드린 것뿐이고요.

트렌디한 게 아니라 트렌드 앞에 있는 거네요.

지연 위치로 보자면 그런 것 같아요. 트렌드인지 모르고 하는 거죠.
서연 저희는 트렌드의 중심에 있는 일을 오래 하면서 도망치고 싶은 욕구가 점점 커졌어요. 자기 색깔을 갖고 목소리를 내는 작가들의 결과물을 모아놓으니 자연스레 지금의 모습을 띠게 되었어요.

그래서 '동시대'라는 기준을 강조하는군요.

서연 특히 저에게는 정말 중요해요. 저는 사람들이 동시대 감각이란 것을 갖고 살아야 한다고 생각해요. 그래야 같은 시대를 살아가는 창작자의 세계관을 공유할 수 있어요. 교감이 일어났을 때 비로소 소비에도 의미가 담기는 거고요. 그 행위로 인해 다음에 뭔가가 일어나죠. 예술이 여건이 되는 사람들만 누릴 수 있는 게 아닌, 모두가 참여해서 선순환되는 생태계를 만들고 싶어요.

브랜드를 이해하고 상품을 소비해야 경험이 완성된다는 것과 같은 맥락이네요. 진정성 있는 브랜드를 투표하는 마음으로 소비해야 건강한 시장이 유지된다는 것도 마찬가지고요. 다행히 사회가 성숙되어 가는 것 같아요. 무용한 것들이 많은데 실제 구매는 어떤가요?

서연　무용하지 않은 것들이 잘 팔리긴 하죠. 10만 원 미만의 식기류나 개인이 쓰기 좋은 베개, 가방 같이 용도가 명확한 것들이 잘 나가요.

지연　그래도 코로나를 기점으로 작은 작품을 소비하는 현상이 두드러지긴 했어요. 집에 머물면서 아트 소비가 활성화된 시점이 있었잖아요. 당장 몇백, 몇천만 원짜리 작품을 사긴 부담스러우니 카바를 등용문으로 여기는 것 같아요.

단순히 예술에 입문한다고 하기에는 힙한 무드가 강해요. 아트도 누구보다 멋있게 사고팔 수 있다는 메시지를 작정하고 만들었더라고요. 속내는 모범생이나 표면적으로는 가장 멋 부린 친구랄까요?

서연　일종의 전략이었어요. 없는 시장을 만들어야 하는 입장에서 대중이 열광할 만한 포인트가 있어야 했거든요.

힙 소속감이라고 하면 될까요 (웃음)?

서연　'이 장르가 바로 넥스트 제너레이션이다.'라는 인상을 약간만 주면 될 거라고 생각했어요. 그렇다고 그 기준에 끼워 맞춘 건 아니고, 우리가 하고 싶은 대로 마구 해본 것뿐이에요. 거침없이.

예술을 소개하는 방법에도 여러 가지가 있었을 텐데 왜 커머스였어요?

지연　해외 출장을 다녀보면 뭐든 접할 수 있는 루트가 많고 다양해요. 아트 신이 고도화되어 있죠. 전시장에 가서 감상하는 것과 내가 소유할 수 있다고 생각하는 것에는 큰 차이가 있어요. 소유가 가능할 때 비로소 나와 같은 세계의 것으로 느껴지죠.

서연　저희에게 익숙한 소비 방식이에요. 하지만 커머스를 목적으로 시작한 것은 아니었어요. 전시 기획 일을 메인으로 하던 중 작품을 쉽게 구매할 수 있는 경로를 고민하다 보니 자연스럽게 온라인 커머스가 되었죠.

지연　온라인 쇼핑몰은 있었지만 이렇다 할 반응이 없었어요. SNS를 열심히 하지도 않았고요. 그런데 코로나 때문에 오프라인 활동에 제약이 걸리면서 전환점을 맞이했죠.

사실 유통 플랫폼 이전 버전의 카바는 무형 창작물을 판매하는 팝업이라든지 하는, 흥미로운 기획 전시로 이름을 알렸어요.

서연　다양한 장르를 다루고 싶은 욕심이 있으니까요. 한 예로, 디지털 작업자가 많은데 시장 경로가 없다는 문제점에서 출발했어요. 보통 디지털 작업은 프로그램 안에서 레이어를 여러 개 사용하기에 팝업 이름을 '레이어즈Layers'라고 지었어요. 1차적으로 작업물을 디지털 버전으로 소비하고, 굿즈로 제작해서 2차 콘텐츠를 소비할 수 있게 기획했죠.

지연　그때 NFT가 있었다면 참 좋았을 텐데요.

서연　아무것도 모른 채로 그냥 했어요. 방식도 다소 무식했어요. 작품을 구매하면 작가가 메일로 파일을 보내주는 거예요.

다시 생각해 보면 이미
온라인상에 있는 서비스네요.
그걸 물리적으로 풀어낸
거죠. 손에 잡히지 않는
존재를 사물로 만들어내는
행위가 새롭게 느껴졌어요.

아트 중고 거래 플랫폼
'뉴뉴'도 그렇게
태어났겠군요. 고가의
작품을 구매하면 평생
끌고 가야 한다는 부담감이
없지 않은데, 믿을 수
있는 곳에서 거래한다면
중고뿐 아니라 입문 자체도
더욱 활성화되겠어요.
그런데 홈페이지가 닫혀
있어서 어떻게 된 일인지
궁금했어요.

서연　타이포그래피같이 디지털에 국한된 소스를 도어매트
나 테이블보 같은 사물로 변환시켜요. 별로 어렵게 생각하지
않았어요. 저희 사이트도 그렇고, 보기에는 뭔가 굉장한 기술
이 들어간 것 같지만 모두 직관적이고 쉬워요.

지연　그쪽에도 가능성이 무궁무진하지만 카바와 함께 운영
하려니 힘에 부치더라고요. 이도 저도 안 돼서 당분간 멈추고
추후에 다시 체계를 잡을 예정이에요. '뉴뉴'라는 이름으로 독
립할지, 카바에 흡수될지도 아직 미정이고요.

서연　중고 거래로 넘어가면 바잉하는 개인의 취향이 더욱
짙게 드러나요. 누가 무엇을 어떻게 모았는지 이야기를 파보
면 정말 재미있어요. 그 세계를 표현해 보고 싶었어요. 다만
중고라는 특수 시장은 특유의 까다로움이 있어요. 단적으로
중고라는 편견 때문에 소비자 태도가 달라지는 거죠. 언젠가
제대로 실현할 때가 올 거예요.

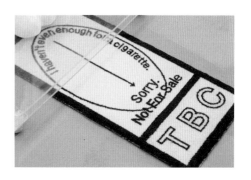

이미 오래전부터 존재했지만 서로 다른 성격을 지닌 무엇들의
접점을 발견하고 문제를 해결하는 것, 그게 카바가 제시하는
새로움이었다. 온라인에서 폰트나 음원을 구매하는 일은
허다했지만 그걸 현장에서 창작자와 얼굴을 맞대고 구매할 수
있는 자리는 없었다. 타이포그래피가 잔뜩 담긴 책을 산 적은
많지만 그게 인테리어 소품에 한 올 한 올 꿰매어진 제품 역시
처음이었다. 반발자국 앞서간다는 건 별나라 같은 일을 벌이는
게 아니라, 조금 다른 시선으로 바라보는 것이었다. 약간 각도가
다른 관점을 키우기 위해서는 많이 보고, 듣고, 느끼고, 경험해
보는 수밖에 없다. 해외여행을 자주 다니라는 얘기가 아니다.
필요한 건 돈이나 시간이 아닌, 열린 마음이니까. 낯섦은 가장
익숙한 것에서 발견되곤 한다.

깔끔한 단발머리의 최지연은 매사 조곤조곤한 목소리와 말투로
대답했다. 반면 4살 차이라는 최서연은 큰 키만큼이나 시원한
눈빛과 언어 선택으로 모두를 웃게 만드는 능력이 있었다. 둘은
인터뷰 날짜에 맞춰 다급하게 정리한 쇼룸 한가운데 앉아서
마냥 즐거워했다. 얼굴도, 취향도, 성격도 너무나 다른 둘에게
공통점이 있다면 바로 웃음소리였다. 오래 다닌 회사에서
독립할 때도, 매출이 없어서 프로젝트를 고민할 때도, 둘은
지금처럼 커다랗고 시원한 웃음소리로 걱정을 묻었을 테다.
맛 좋은 술을 곁들이며.

남영동은 좀 생소한 동네인데, 어떻게 여기에 정착하게 되었나요?

서연 우리의 시도와 지역의 바이브가 맞아야 한다고 생각했어요. 여기에 뭔가 날 것의 무드가 있더라고요. 그게 마음에 들었어요.

지연 남영동은 내내 주둔 지역이었어요. 일제강점기에는 일본군이, 그다음에는 미군이 있었죠. 쇼룸이 있는 골목이 당시에는 부대찌개 거리였어요. 카바의 첫 쇼룸도 적산 가옥이에요. 아픈 역사가 쌓여서 묘한 무드를 자아내는 지역이 됐죠.

아래층에는 오래된 노래방이 있고 위층에서는 에어로빅 클래스로 천장이 울린다고 했는데, 그런 걸 전혀 개의치 않아 하는 모습에 저까지도 마음이 편해져요.

서연 영원히 있을 것도 아닌데요, 뭐.

역시 지연 대표님이 중간 역할을 할 것 같아요(웃음). 카바를 시작한 지 4년 정도 됐는데, 관계적인 측면에서도 변화가 많았겠어요.

지연   저는 감정 기복이 없는 편인데, 양쪽에 불같은 성격이 둘이나 있죠. 가끔은 둘이 싸우게 놔두기도 해요. 그래도 모두 많이 성장했어요. 조율할 것도 포기할 것도 많았으니까요. 부딪히고 메꾸기를 반복하면서 일하는 방식을 맞춰왔어요. 서로의 감정이나 의견도 중요하지만 결국에는 결론이 좋아야 하잖아요.

서연   대표님과 저는 워낙 사이가 좋았어요. 평생 자매로 지내다가 어느 날 동업을 하게 됐는데, 시작보다는 연결이라고 생각했던 거예요. 그래서 분쟁이 생기면 당황스러웠죠. 그럴 때마다 언니가 중간 역할을 잘해준 것은 분명해요.

지연   저도 잘 흥분하던 때가 있었지만 나이가 들면서 변했어요. 에너지도 없을뿐더러 화내봤자 좋을 게 없다는 걸 알게 됐어요.

서연   치동 이사님은 화도 잘 내지만 반성 또한 잘하는 분이에요. 본인이 실수한 건 없는지 계속 확인하기도 하고요. 각자의 성장이 많이 이루어졌다는 게 느껴져요.

같이 못 하겠다고 생각한 적도 있었나요?

서연   가족이 아니었다면 진작에 헤어졌을지도 몰라요. 예전에 친구들과 동업한 적이 있는데, 신뢰의 기반이 달라서 그런지 돌아설 때도 미련이 없더라고요. 물론 저희 셋이 어느 날 같이 일을 안 할 수도 있어요. 하지만 친구와 동업을 깬 마음과는 다를 것 같아요.

예전 인터뷰에 직원들이 함께한 것도 특이하다고 생각했어요.

지연 함께 오래 일한 분들이라 같이 인터뷰하자고 했어요. 카바에 그들의 색도 많이 들어갔거든요. 함께 만들어가고 있다는 메시지를 주고 싶기도 했고요. 오너가 아닐수록 동기부여가 더 필요하기도 해요.

같이 일하고 싶은 사람의 특징이라고 할 게 있다면 무엇일까요?

지연 우리도 아직 모르는 게 많아요. 그런 걸 캐치해서 채워주고 함께 신나게 만들어갈 수 있는 사람이라면 좋겠어요.

서연 저는 눈이 밝고 기민한 사람이요.

그렇다면 동업 관계에서 챙겨야 할 점이 있다면 무엇이 있을까요?

서연 주주 간 계약서를 확실하게 쓰고 시작하라고 하더라고요. 동업 관계에 대한 모든 걸 담으래요. 일어날 수 있는 최악의 상황을 미리 정리하는 거예요. 단편적으로 감옥에 가야 한다면 누구일 것인가 하는 것까지. 계약서의 유무가 큰 차이가 있다고 얘기해 주더라고요.

감옥이라니, 마음가짐이 달라질 것 같은데요.

서연 갑자기 그런 걸 쓰자고 하면 어색할 수는 있겠지만 막상 정리하면 역할이 확실해지고 서로에 대한 존중이 더 생긴다고 하더라고요. 롱런하려면 반드시 필요해요. 특히 가족이 싸우면 더 지저분하잖아요. 힘들 때는 안 싸워요. 똘똘 뭉치지. 틈이 생기기 시작하는 건 흑자가 나면서부터예요. 자신의 공으로 돌리고 싶은 마음이 생기거든요.

지연 동업을 시작하기 전에 호흡을 맞춰볼 수 있는 일을 가볍게 해보면 좋겠어요. 하다못해 여행이라도 같이 가보고요. 상상만으로는 알 수 없는 일들이 천지예요. MVPMinimum Viable Product 테스트라도 짧게 해본 뒤에 결정하는 것도 늦지 않아요.

이미 많은 매체에서
봤지만 앞으로가 더욱
기대되는 브랜드예요,
카바는.

지연　외부에서는 저희가 승승장구하고 있는 것처럼 보일 수도 있지만 실제로는 너무 어려운 일이에요. 규모를 크게 키우는 것도 어렵지만 작게 운영하는 것도 어려워요. 그럴수록 정석대로 차근차근 일궈가는 게 좋다는 생각이 들어요.

서연　아트 신이 많이 활성화되었다고는 하지만 여전히 작고 마이너한 시장이에요. 저희는 시장 규모조차 파악하지 않고 뛰어들었거든요.

너무 잘 알았으면
시작하지 않았을 수도
있을 것 같아요.

지연　맞아요. 그렇다고 레드오션에 뛰어들어서 고래 싸움에 새우 등 터지듯이 일하고 싶진 않아요. 각 시장의 장단점이 있어요. 작은 곳에서는 선두로 달릴 수 있죠. 잘할 수 있는 걸 지속했을 때 돋보일 거라고 생각해요. 그래서 지치지 않는 게 중요하고요.

서연　저희는 진심으로 하는 일이고, 그게 카바의 핵심 가치라고 생각해요. 마음은 따라 할 수 없거든요. 이건 AI도, 대기업도 베낄 수 없어요. 저희만의 로드맵을 잘 그리기만 하면 돼요.

다양성을 존중하는
플레이가 업계에 희망을
주고 있다고 생각해요.
아트와 얽혀 있는 사람들뿐
아니라 더 멀리까지도요.

서연　우리는 좋은데 과연 사람들도 좋아할까? 걱정이 없진 않았지만 다행히 소비자들과 공감대가 형성되고 있는 것 같아요. 그 씨앗으로 어떤 꽃을 피울지가 숙제이고요. 부담도 되지만 처음이나 지금이나 재미있어서 계속할 수 있어요.

재미가 있으면 가능성이 보이고, 가능성이 있으면 재미가
지속된다. 이 둘은 서로 앞서거니 뒤서거니 하면서 바퀴처럼
브랜드를 끌고 간다. 젠트리피케이션은 부동산에만 있는 게
아니다. 어느 날에는 카바보다 훨씬 덩치가 큰 기업의 아트
플랫폼이 나타날 것이다. 그런다 해도 세 사람의 뜨거운 진심이
상처받거나 시들지 않고 오래도록 많은 이들의 다양성에 새로운
신호를 보내기를 바랐다.

카바의 쇼룸은 어수선했지만 그래서 더욱 브랜드의 정체성이
돋보였다. 사무실에 똑같은 의자는 하나도 없고, 보통의 의자도
하나도 없었다. 너무 정리되지 않았으면 하는 마음이 들었다.
사람들이 골목을 두리번거리다가 좁은 입구를 발견하고 안도의
숨을 뱉는 모습들이 상상되었다. 계단을 내려와 노래방을
거쳐서 밖으로 나오니 카바의 젊은 직원들이 삼삼오오 모여
바깥 공기를 마시고 있었다. 동네 어르신들이 보면 어딘가
이색적이고 난감한 분위기의 사람들. 머리끝부터 발끝까지 자기
취향을 벗어난 틈이 없는 사람들. 재미와 가능성으로 가득 찬
곳에서 일하는 기분은 어떨까. 사회 초년생의 나는 알지 못했던
감정과 몸짓과 말들이 모여 씩씩하게 길을 내고 있었다.

BRAND INFO

HOMEPAGE: ca-va.life
INSTAGRAM: @cava.life

비플러스엠

+

오월학교

About

탄탄한 기본기와 좋은 소재에 대한
뚜렷한 철학으로 이끌어가는 가구 브랜드 비플러스엠,
그리고 거기에서 파생된 춘천의 스테이 오월학교.
나무라는 교집합을 두고 따로 또 같이 가구와 공간 경험을
만들어가고 있다.

언젠가부터 춘천에 가면 닭갈비를 먹지 않게 되었다. 오월리에
있는 '오월학교'에 머무르기 때문이다. 넓은 운동장과 아늑한
스테이, 아이들과 함께 배우는 목공수업, 맛있는 커피와 유기농
채소로 준비한 바비큐까지. '정신과 시간의 방'에 들어선 듯
시간의 흐름 따위는 무시하고 오직 현재만을 만끽할 수 있는 곳.
이곳에 처음 머물렀던 어느 초여름, 나는 자신 있게 말할 수
있었다. "오늘이 올해의 가장 행복한 날이야." 그리고 그 확실한
행복이 필요할 때마다 가볍게 짐을 싸서 춘천 가는 차에 올라탔다.
춘천의 폐교를 개조하기까지는 오월학교의 대표 최상희가
고혜림과 함께 오랜 시간 동안 만들어온 가구 브랜드,
비플러스엠이 있었다. 싱글이 가정을 이루고 작은 인간을
키우고 함께 나이 들어가는 과정에서 거슬림 없이 묵묵히
제 역할을 다하는 가구. 그 가능성은 배려에서 나오고 그 마음은
오월학교에도 구석구석 깃들어 있다. 어린이만을 위한 작은 문,
침대에 누워서도 하늘을 볼 수 있는 천장 구멍, 엉덩이가 시리지
않도록 열선을 깔아 놓은 벤치 등 가능한 많은 종류의 생활을
해본 사람이 만든 것 같다.

이제는 둘이 함께 브랜드를 운영하지 않지만, 언제든지 도움이
필요하면 자신 있게 불러내고 또 당연하게 달려오는 동료. 여전히
작업장을 공유하면서 머리 맞대고 문제를 헤쳐 나가는 파트너.
누군가는 이 둘을 보고 '가장 이상적인 동업의 형태'라고 하기도
했다. 진한 부대낌 끝에 각자의 사업체를 손에 쥐고는 어딘가
편안해 보이는 고혜림과 최상희. 동업자보다는 남매 같은
두 사람의 정신이 담긴 단단한 테이블을 사이에 두고 둘러앉았다.

최상희 고혜림
비플러스엠 대표, 오월학교 대표
이음플레이스 대표, 오월학교

100

두 분의 업무 관계가 독특한 것 같아요.

상희   오월학교를 열기 전에는 비플러스엠의 공동 대표였어요. 지금은 각자의 사업체를 운영하고 있지만, 비플러스엠의 시작부터 10년 동안 쌓은 공로가 있기에 대표이사직은 유지하고 있어요.

혜림   저는 비플러스엠 대표 겸 디자이너로 일하고 있습니다. 올해로 벌써 14년째네요.

최상희 대표님께서는 화요일마다 김포에 있는 비플러스엠 작업장에 간다고요. 여전히 협업을 하는 건가요?

혜림   본인 일 때문에 가는 거예요. 함께 일군 공간이기 때문에 함께 사용하는 거죠. 급한 도움이 필요할 때는 투입되기도 하고요.

상희   목공은 자신 있습니다. 사실 춘천에 작업장이 필요해서 공간 확장을 계획하고 있어요. 작업장이 생기면 김포에 발길이 줄어들겠죠.

도움을 청하는 부분은 가구를 만드는 작업인가요?

혜림   주로 큰 이슈가 있을 때예요. 예를 들어 페어에 참가하기 위해 새 직원을 뽑을 순 없으니까요. 더불어 최상희 대표가 작업장에 방문해 주면 직원들이 심적으로 의지를 많이 해요. 모두 함께 일했던 동료들이라서요. 기술적으로 새로운 시도를 하거나, 새로운 기계를 다뤄야 할 때는 같이 회의도 해요.

두 분 다 가구 디자인이나 목공을 전공했나요?

혜림   저는 가구 디자인을 전공했고 최상희 대표는 순수미술 전공이에요.

상희   대학생 때부터 가구를 만들고 싶었어요. 미술 선생님이 되고 싶어서 대학에 갔는데 제 성격에 공부는 안 맞더라고요. 그래서 가구 회사에 취직했는데 거기에 고혜림 대표가 있었던 거죠.

혜림　지점이 여러 개 있는 회사였는데 가게마다 똑같은 편지가 여러 통 도착하는 거예요. 최상희 대표의 편지였죠. 그걸 보고 집요한 사람이라고 생각해서 당시 대표님께 면접을 권해드렸어요. 어찌나 열정적인지 마음에 쏙 들었나 봐요. 입사해서 일을 정말 많이 했죠.

그렇게 만난 거군요. 최상희 대표님의 성향을 미리 알아봤고 그게 동업까지 온 거네요.

혜림　맞아요. 원래는 퇴사하고 1년 정도 해외여행을 하려고 했어요. 그런데 일이 들어오면서 여행 비용으로 작은 사무실을 차렸죠. 마침 최상희 대표가 개인 작업장을 준비해서, 같이 일하자고 제안했어요.

개인 작업장이 있었어요?

상희　회사 안에서는 진짜 하고 싶은 걸 할 수가 없었거든요. 당시 가구 업계는 군대처럼 계급에 맞춰서 일했어요. 경력이 많은 직원들이 더 흥미로운 작업을 맡았죠. 저는 호기심 천국인데, 회사 업무로는 성에 안 차서 퇴근하면 새벽까지 제 작업장에서 작업하고 다시 출근했어요. 독립한 고혜림 대표에게 일이 들어오면 제작을 도와주기도 했고요.

혜림　그런 상황이 반복되면서 동업을 시작했는데, 이름도 어쩜 그렇게 막 지었는지 몰라요. 지금은 뜻을 가미해서 베이직의 'B'와 매터리얼의 'M'이라고 설명하지만, 사실은 저희의 닉네임에서 이니셜을 따서 붙인 거거든요. 물론 '기본'과 '소재'가 비플러스엠의 중심이긴 합니다.

어떤 닉네임이었는지 궁금하네요.

혜림　저는 '미꼬'였어요. 공간을 꾸민다고 해서 '꾸미는 고혜림'의 줄임말이었거든요.

상희　저는 '변기통'….

네?

상희 정말 인상 깊은 꿈을 꿨어요. 다 설명하긴 어렵지만
〈오디세이〉의 내용과 비슷해요. 어찌나 생생한지 지금도 뚜
렷하게 기억이 나요. 꿈에서 변기통 안으로 빨려 들어갔는데,
저에게는 의미가 깊어서 그렇게 닉네임을 지었으나 사람들
은 쉽게 받아들이지 못하더라고요. 그래서 항아리를 뜻하는
'pot'에 변기의 'B'를 붙여서 'bpot'을 사용하고 있어요.
혜림 최상희 대표의 세계관이 정말 특이해요. 엄청 순수한
데 지독한 면이 있죠. 그런 것에 매력을 느끼고 동업을 제안
한 것이기도 해요.

**매력을 느낀다고 해도,
동업은 조금 다른 얘기일
텐데요.**

혜림 제가 아량이 넓은 편이거든요. 그리고 일할 때만큼
은 둘 다 열정이 대단해요. 소위 뼈를 갈아 넣는다고 할까요.

**좋아하는 일을 할 때는
평소와 다른 자아가
발현되기 마련이죠.
두 분의 사업 성향이 많이
다르다고 알고 있어요.**

혜림 저는 모든 수익을 재투자하는 반면 최상희 대표는 있
는 대로 써버리는 캐릭터예요. 저라도 정신 차리지 않으면 안
되었던 거죠. 그래서 재무 관리를 제가 도맡았는데 디자이너
가 경영을 동시에 하기는 쉽지 않아요. 무엇이 왜 좋은지 알
면서 타협하기란 어려운 일이잖아요. 그럼에도 서로 추구하
는 이념이나 사업의 방향성이 상당히 비슷하고, 그 덕분에 오
래 할 수 있었어요. 깊게 들어가면 각자 꿈꾸는 바가 달랐지
만, 그래도 결과적으로는 제가 하고 싶은 대로 다 따라줬어
요. 어차피 그렇게 될 걸 그냥 따라주면 될 것을, 치고받고 싸
우면서 가는 거예요.

**고혜림 대표님이 나이가
더 많은가요?**

혜림   아뇨, 동갑이에요.

**그런데 어딘가 누나 같은
분위기가 풍겨요.**

혜림   아무래도 최상희 대표에게 좀 아이 같은 면이 있죠.
하고 싶은 게 정말 많거든요. 제가 모든 에너지를 비플러스엠
에만 쏟았다면 이 친구는 이것저것 다 해봐야 성에 차는 거예
요. 가구 외의 다른 것들에도 관심이 많아서 트러블도 있었지
만, 진심으로 행복해하는 모습에 저도 덩달아 행복해지더라
고요. 진짜 순수한 기쁨과 희열의 표정을 본 적 있죠? 그걸 보
면 지지를 안 해줄 수가 없어요.

뭘 그렇게 하는 거예요?

상희　자전거, 오토바이, 카메라, 수두룩하죠. 뭘 하나 하면 대충 할 수가 없어요. 비용이 많이 들긴 했지만 그 경험들이 오월학교에 다 녹아 있다고 생각해요. 저는 '좋음'이 뭔지 잘 알거든요.

애오개에 위치한 비플러스엠 쇼룸은 인터뷰나 전시 같은 이유로 1년에 두 번 정도 방문했다. 행사장으로 이용되어 때마다 바뀌는 1층에 비해 가구가 디스플레이 되어 있는 3층에는 거의 변화가 없다. 아마 신제품이 나오더라도 기존 가구와 결이 크게 다르지 않아, 주의 깊게 보지 않는다면 알아차리지 못했을 것이다. 비플러스엠의 가구는 자세히 뜯어봐야 그 진가가 하나씩 고개를 든다. 손잡이를 다는 대신 부드럽게 음각으로 파낸 서랍 손잡이, 뾰족한 모서리를 찾아볼 수 없는 소파, 의도하지 않은 부속품은 모두 숨긴 이음새 등 한 번이라도 가구를 만들어본 사람이라면 얼마나 번거로운 작업인지 알법한 디테일이 한가득이다. 조용한 브랜드 비플러스엠이 14년 동안 살아남을 수 있었던 비결은 매우 단순했다. '옳음'에 대한 흔들리지 않는 소신.

비플러스엠은 굉장히 차분한 브랜드예요. 가구 자체부터 그렇고요.

혜림　처음부터 가구만 만든 게 아니라 공간 컨설팅을 같이 했어요. 가구가 돋보이려면 공간도 좋아야 하니까요. 건축에 관심이 많아서 건축물처럼 유기적인 디자인을 하게 돼요. 그래서 가구가 차분하고 볼드한 느낌을 지니는 것 같아요. 단순히 가구만 생각하면 더 자유롭게 전개할 수도 있을 텐데 그보다는 전체를 보는 성향이랄까요. 장점이자 단점이죠.

쇼룸에서 전시를 하는 것 외에는 특별히 마케팅 활동을 하는 걸 본 기억이 없어요.

혜림　안 하는 것이기도 하고 못 하는 것이기도 해요. 리빙 페어에 참가하는 게 효과적일 때도 있었지만 지금은 다르고, 서포터즈를 모집해 체험 후기를 쌓는 것도 브랜드와 잘 안 맞아요. 가구는 오랫동안 사용하면서 느끼는 바가 있거든요. 예쁜 집에 배치해 놓고 사진을 찍어 SNS에 올리는 건 너무 표면적으로 느껴져요. 그렇다고 마케팅을 안 할 수는 없기에, 비플러스엠만의 방식을 찾는 중이에요.

그럼 14년 동안 비플러스엠이 유지될 수 있었던 힘은 제품력인가요?

혜림　그렇다고 볼 수 있죠. 비플러스엠은 입소문으로 여기까지 왔어요. 취향이 확고한 분들이 열심히 공부해서 찾아온 경우가 많거든요. 아직 내부에 마케팅팀이 없어요. 이제는 채용해야 하나 고민이 되네요.

얼마 전에 SNS에 올라온 아기 침대 이야기가 재미있었어요. 매우 까다로운 가구였는데, 대표님 특유의 강단이 엿보였거든요.

혜림 직원들이 두 번 다시는 만들고 싶지 않다고 할 만큼 어려운 작업이었어요. 고객님이 갖고 있는 타원형의 아기 침대에 맞는 수납장을 의뢰한 거예요. 목재를 구부려야 하는데 일반적인 밴딩 규격보다 훨씬 넓은 디자인이었어요. 곡률에 오차가 생기기도 하고 완벽한 곡선을 만들기가 어렵죠. 오랜 고객이었는데 어떤 취향과 기준을 갖고 있는지 알기에 더 신경을 많이 썼어요. 개인적으로는 정말 재미있었고, 비플러스엠의 강점을 잘 보여주는 사례라고 생각해요. 매출과는 별개로 새로운 실험을 해볼 수 있는 소중한 기회이기도 하고요.

상희 김포 작업장에 가면 어떤 프로젝트를 하고 있는지 볼 수 있잖아요. 그 작업을 보면서 고생한다고 생각했죠.

혜림 초창기에는 가구의 90%가 맞춤으로 이루어졌어요. 매번 개발비가 들어가는데도 그게 얼마나 큰 가치인지 몰랐죠. 매번 새로 디자인하고 도면을 그려 만들어봐야 해서 지금은 주문 제작을 받지 않아요. 꼭 필요한 경우이거나 혹은 신제품으로 연결이 되는 경우, 그것도 아니라면 우리에게 값진 경험이 되는 경우에만 합니다.

아기 침대 같은 이야기를 더 들으면 좋겠다고 생각했어요. 브랜드의 가치관이 담긴 이야기이고, 그보다 나은 마케팅은 없잖아요.

혜림 저희에게는 너무 일상적인 에피소드라 특별하게 보이지 않았어요. 그리고 그런 이야기를 노출하기 시작하면 맞춤 제작 의뢰가 많이 들어오기 때문에 난감한 상황이 생겨요. 안 그래도 고객님이 너무 만족해서 사진을 보내주었는데, 인스타그램 공식 계정에 올릴 엄두가 안 나는 거예요. 그래서 제 계정에만 살짝 올렸죠.

요즘 컬러도 강하고 독특한 가구에 대한 소비가 늘었는데, 원목을 고수하는 이유가 있을까요? 익숙할 뿐이지 사실 비싼 소재잖아요.

혜림 원목은 시간이 지날수록 그 진가가 드러나요. 소재가 주는 퀄리티도 있지만 쉽게 질리지 않죠. 잠깐 쓰고 버릴 물건은 만들고 싶지 않거든요. 좋은 가구를 만든다는 것은 여러 가지 관점에서 옳은 일이라고 생각해요. 나아가 재활용 소재를 쓰고 싶다는 생각이 오래전부터 있었지만 진입 장벽이 매우 높아요. 여튼 최상희 대표와 제가 의견이 잘 맞는 부분이 바로 이런 지점이에요. 이로운 일을 하고자 하는 의지가 있죠.

실로 비플러스엠이 진실된 가구를 만들어올 수 있던 것에는 최상희의
역할이 컸다. 하지만 아무리 가치관과 취향이 비슷하다 해도 궁극적인
방향이 달랐던 둘은 각자의 길을 가기로 결정했다. 최상희는 가족과
함께 춘천으로 거처를 옮기고 오월학교를 열었다. 아내를 설득하기가
쉽지 않았다고 했지만, 아내 역시 그의 반짝이는 눈을 언제까지고
무시하기는 힘들었을 것이다. 반드시 해야만 하는 사람들이 있다.
하지 않으면 잠을 못 잔다. 어떤 이의 눈에는 고생스럽고 미련해 보일
수도 있겠지만, 이 사람들 덕분에 누군가는 평생을 가져갈 아름다운
가구를 소장하고, 누군가는 지친 일상 사이에 문득 떠올릴 행복한
추억을 만든다. 세상은 꿈꾸는 사람들 덕분에 조금씩 앞으로 나아간다.

<table>
<tr>
<td>최상희 대표님은
오월학교가 평생의
꿈이었다고요.</td>
<td>상희　평생 가구만 만들 수 있을 것 같지는 않았어요. 비플러스엠은 깊고 높은 가치관을 지향하지만 어쨌든 상업 가구이고, 그렇기에 사업의 형태가 어느 정도 정해져 있죠. 제가 장인이나 작가가 될 것도 아니고요. 그렇다면 어떤 다음 단계가 있을까 늘 고민했어요. 나만의 작업장은 어떤 모습일까 상상했고, 그게 혼자 일하는 곳이 아니라 사람들에게 목공이라는 일을 멋지게 보여주는 쇼룸 같은 곳이었으면 좋겠다고 생각했죠.

혜림　시간이 날 때마다 공간을 보러 다녔어요. 전국 팔도를 다 알아봤다고 해도 무방할 거예요. 그러던 중 춘천의 한 폐교가 괜찮은 금액에 나왔어요. 폐교 특유의 음산함은 있었지만 저희 눈에는 예뻐 보였어요. '이거다.' 싶어서 밀어붙였죠.</td>
</tr>
<tr>
<td>오월학교 공간 자체도
비플러스엠에서 진행한
거죠?</td>
<td>상희　설계 사무소에서 초안을 잡긴 했는데 고혜림 대표가 보는 관점은 좀 달랐어요.

혜림　아무래도 최상희 대표의 의도를 누구보다 잘 이해하고 있으니, 모든 면에서 빨리 정리할 수 있었죠.</td>
</tr>
<tr>
<td>오월학교를 통해
비플러스엠에 대한
노출도 많이 할 수 있을
텐데, 알고 보지 않으면
전혀 모를 정도로 숨겨져
있어요.</td>
<td>상희　숨기는 정도는 아니지만 의도적으로 드러내지는 않으려고 합니다. 모르는 분들이 보면 '회사에서 운영하는 공간'이라는 의식이 생기고, 그러면 의도와는 다른 이미지를 줄 수 있거든요. 저와 아내는 오월학교의 오너로서 손님들과 많이 교감하려고 노력해요. 그런데 비플러스엠이 지붕이 되어 버리면 저희도 한 회사의 직원이 된 느낌에서 완전히 벗어나기 힘들죠.</td>
</tr>
</table>

굳이 춘천까지 간 이유가 있을까요?

상희 저는 아이의 정서가 최우선이라고 생각하는 사람이에요. 아버지가 돌아가시고 난 뒤에 많은 생각이 들더라고요. 어릴 때는 아버지와 나름 가까웠는데 사춘기가 오면서 자연스럽게 멀어지고, 그다지 원만하게 지내지 못했어요. 그게 내내 아쉬움으로 남았어요. 그래서 가족 간의 시간에 집중할 수 있는 공간을 만들고 싶었어요. 비플러스엠 고객님 중에는 신혼부부가 많아요. 그중 재구매 하는 분도 많고요. 가구를 배달하러 몇 년 후에 방문해 보면 자녀가 생겼고, 아기가 어린이로 자라 있어요. 고객들과의 관계가 쌓이면서 그분들을 위해 더 할 수 있는 게 무엇일까 고민하기 시작했어요. 그게 오월학교였죠.

혜림 최상희 대표 아들인 율이는 아빠가 굉장히 멋있다고 생각해요. 원래는 안 그랬어요. 엄마 껌딱지였는데 지금은 아빠처럼 옷을 입고 싶다, 아빠 같은 헤어스타일을 하고 싶다는 등 놀라울 정도로 변했더라고요. 함께 보내는 시간이 월등히 늘어난 데다가 또래 친구들에게 목공도 가르치고, 이것저것 뚝딱뚝딱해 내는 아빠가 얼마나 멋져 보이겠어요.

그래서 아빠와 아이가 함께할 수 있는 목공 수업을 진행하는군요. 오월학교에 가면 왜 그렇게 마음이 편할까 생각해 봤는데, 그 안에서 모든 게 쾌적하게 해결돼요. 자발적으로 고립될 수 있는 느낌이 좋아요. 그리고 대부분 오월학교를 이해하고 오는 분들이어서 그런지 작은 공간에서 이틀 동안 마주쳐도 얼굴 붉힐 일이 안 생기더라고요.

상희 소비자층은 의도하기보다 자연스럽게 형성되는 것 같아요.

혜림 가구도 마찬가지예요. 브랜드를 이해하고 오면 모든 게 물 흐르듯 자연스러운데, 지인의 것이 좋아 보여서 소개받고 오는 경우 서로의 접점을 찾기 어려울 때가 많아요.

그래서 취향이 비슷하다는 건 아주 큰 힘인 것 같아요. 취향은 곧 가치관이기도 하니까요. 그런데 효율로만 보면 스테이에만 집중하거나, 카페를 크게 운영하는 등 카테고리를 줄일 수 있을 것 같은데요. 대표님의 관심사가 넓은 이유도 한몫하겠지만, 이렇게 총체적인 공간을 운영하는 이유가 있나요?

상희   사실 오월학교는 시드 사업으로 생각하고 있어요.

혜림   그것도 사업을 해보고 나서 눈이 뜬 거예요. 처음에는 자기가 하고 싶은 모든 걸 펼칠 수 있는 공간을 찾은 거고요.

상희   솔직히 힘들긴 합니다. 가족과 시간을 보내는 게 가장 중요한 이유였으니 현재에 최선을 다하는 거죠. 저라고 쉬고 싶지 않겠어요? 하지만 오월학교를 완전히 맡길 수 있는 사람은 없어요. 제가 곧 오월학교인 셈이죠.

혜림   그렇게 떠나 놓고는, 작업하러 올 때마다 서울 오고 싶다는 얘기를 해요. 진짜 웃긴다니까요.

상희   실제로 돌아올 계획을 세우고 있어요. 우리 가족이 다시 온다기보다는, 지금 오월학교에서 활용하고 있는 춘천 농가들의 식자재를 유통하는 '그로서리grocery' 마켓을 구상 중이에요. 모두 유기농으로 키우고 있고, 밀키트 같은 제품도 얼마든지 만들 수 있거든요. 오월학교도 확장할 예정이에요. 좀더 깊은 숲 속에 스테이를 몇 개 짓고 목공방을 전면에 내세운 공간을 만들고 싶어요. 그동안은 폐교를 개조했다는 컨셉이 두드러졌는데, 그게 중요한 포인트는 아니거든요. 우리의 뿌리는 목공이에요. 새로운 공간에서는 비플러스엠을 부각시키고 싶어요.

117

오월학교는 현재와 미래의 어른들에게 친절한 공간이다.

카페 입구에 있는 어린이 전용 문은 아이들에게 소소하고

즐거운 환영의 인사를 건넨다. 스테이 내부의 복층으로

올라가는 계단 옆은 미닫이문을 밀어 난간을 만들 수 있고,

하늘을 볼 수 있는 천장의 창문이나 가구의 부드러운 모서리는

마음 놓고 아이들을 풀어놓고 쉴 수 있게 해주는 요소들이었다.

비플러스엠의 가구에서 느꼈던 작고도 치밀한 감동이 공간으로

확장된 모습이다. 그런 것들이 너무 귀한 세상이고,

그렇기에 더욱 고마운 발견들이었다.

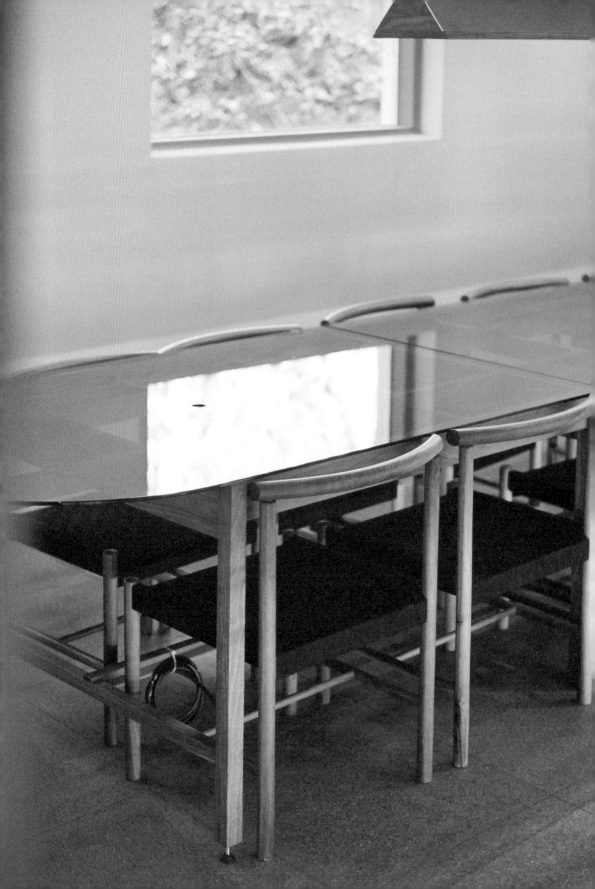

비플러스엠 가구가 왜 좋게 느껴질까, 고민 끝에 답은 배려였어요. 그런데 쇼룸에 와서 보면 가구 라인업이 굉장히 간소해 보여요. 특별한 이유가 있나요?

혜림　쇼룸에서는 주력 아이템들을 보여주는 거고, 온라인이나 예전 자료를 가져오면 주문 제작이 가능해요. 비플러스엠 디자인 자체가 타임리스한 특징이 강하기 때문에 10년 전에 출시한 제품을 여전히 찾아주기도 해요. 같은 모델이라도 꾸준히 개선점을 찾고 보완하죠. 세상에 내놓고 싶은 아이디어는 정말 많아요. 회사 규모가 작다 보니 속도가 느릴 뿐이에요. 다만 예전에는 다소 즉흥적으로 만들었다면 이제는 신중해졌어요. 디자인도 철학도 당연히 중요하지만 운영을 잘해야겠다는 생각이 커요. 회사가 잘 돌아가야 직원들도 즐겁게 일하고 새로운 가구도 만들면서 지속할 수 있으니까요.

경영자가 되어가고 있네요.

혜림　그런 마음가짐을 가지려고 노력해요. 한편 최상희 대표를 보면 가끔 답답하기도 하죠. 사서 고생하면서 힘들다고 전화하니까요.

서로 좀 짠하게 생각할 때도 있겠어요.

혜림　아니요, 전혀요. 자기가 선택한 길인 걸요. 오월학교가 이제 2년 됐는데 하고 싶은 게 저렇게 많아서야. 쉬고 싶다면서 서울에 확장하겠다고 하는 것도 앞뒤가 안 맞아요.

상희　투덜대긴 하지만 진짜 쉬고 싶다는 마음은 아니에요. 전 몸으로 일하는 게 체질인 것 같아요.

혜림　아니, 쉬어야 할 것 같아요. 낯빛이 별로 안 좋아요.

진짜 누나 같네요(웃음).

상희 이제는 서로가 가진 자원이 다르고, 그 어느 때보다 큰 시너지를 발휘할 수 있게 돼서 너무 좋아요. 함께 어떤 재미있는 일을 해볼 수 있을까 상상하곤 합니다. 욕심이 있다면, 오월학교가 좀 더 유명해졌으면 좋겠어요. 비플러스엠이 갑자기 유명해지는 데는 한계가 있거든요. 저는 힘이 없지만 대신 오월학교라도 널리 좋은 영향력을 행사했으면 해요. 목수라는 직업이 어떻게 길을 만들어갈 수 있는지도 보여주고 싶고요.

혜림 동종 업계에 있는 분들은 저희의 관계를 되게 좋게 보는 것 같아요. 이렇게 원활하게 분리하고 협업하는 게 쉽지는 않죠.

두 분의 동업 관계가 흔하진 않아요. 어떤 분은 이야기를 듣더니 너무 이상적이라면서 부러워하더라고요.

혜림 동업 관계라고 해서 반드시 트러블이 생기는 건 아니에요. 사업 기준과 각자의 영역을 확실하게 정하고, 그것에 큰 변동이 없으면 평화롭게 유지되는 것 같아요. 저희는 비슷해 보이지만 욕구가 많이 달랐어요. 저는 아주 훌륭한 가구 회사를 하나 만들어내고 싶었고, 최상희 대표는 본인의 다채로운 관심사를 비즈니스로 꾸려내고자 했죠. 어떻게 보면 그런 상황에서 꽤 오래 함께한 거예요. 긴 여정 끝에 분리는 좋은 선택이었고요.

분리하지 않고 비플러스엠의 이름으로 별도의 공간을 운영할 수도 있지 않았나요? 비플러스엠으로 쌓아온 역사가 있잖아요.

상희   오월학교는 아내와 함께 운영하기 때문에 아무래도 구조가 달라요. 독립적인 회사로써 인정받고 싶은 마음도 있었어요. 저는 저를 표현하고자 하는 욕구가 크거든요. 직업이 단순히 수익 창출에서 그치지 않는 거죠.

혜림   저도 일을 통한 자아실현을 중요하게 생각하지만 최상희 대표는 그 욕구가 훨씬 더 크죠. 비플러스엠에 속해서 자기 일을 펼치고 싶진 않을 거예요.

분리 후에 비플러스엠의 운영 방식에 변화가 있었나요?

혜림   직원들은 더 단순해진 경영을 좋아하는 것 같아요. 예전에는 선장이 둘인 셈이었으니까요. 작업장의 경우 리더가 빠지고 적응 기간이 필요했지만, 결과적으로는 직원들에게도 성장의 계기가 되었어요. 대표와 어느 정도 거리감이 있는 것도 장점이 있더라고요.

작업장에 큰 구멍이 생긴 건데, 걱정은 없었나요?

혜림   없었어요. 믿음이 있으니까요. 제가 너무 힘들고 작업장이 위기에 처했다면 최상희 대표가 도와줄 거라는 신뢰가 있죠. 함께한 기간이 얼만데요.

주인으로서 진두지휘해야 하는 춘천 사업장에서 세 시간 정도
떨어져 온 최상희의 눈빛은 어린아이 같은 장난끼를 풍겼고,
고혜림은 그런 최상희를 물가에 내놓은 자식처럼 바라보았다.
그러면서도 틈만 나면 일 수다를 떨면서 동료애를 증명했다.
한배를 타지 않고서도 이렇게 굳건히 의지할 수 있구나. 그들이
이룬 것은 어쩌면 또 다른 형태의 가족인지도 모르겠다.

시간이 조금 지나고 단풍이 한껏 물든 날, 촬영을 핑계로
우리 가족은 또 한번 춘천행 고속도로에 올라탔다. 운동장의
돌바닥이나 식당 메뉴들이 조금씩 바뀌긴 했지만 갓 오픈했을
때나 2년이 흐른 뒤에나 가구와 공간에서는 세월의 흐름을
느낄 수 없었다. 그게 비플러스엠이 지향하는 '타임리스'의
가치인지도 모르겠다. 새것이 새것 같지 않고 오래된 것이
낡은 것 같지 않은. 우리 집의 어린아이는 율이와 어울려
잘하지도 못하는 축구를 하고, 모닥불에서 마시멜로를 구워
먹고, 목공방에서 나무 조각들을 갖고 놀다가 밤하늘에 뜬
달을 바라보며 잠이 들었다. 오월학교에서 살고 싶다는 아이를
간신히 짊어지고 귀가하니, 어떻게 벌써 주말이 끝났냐며
의아해했다. 시간의 흐름이 다른 세계에 갔다 온 기분이 드는
곳. 그곳에서는 아이나 어른이나 세상을 살아갈 힘을 한 조각씩
챙긴다. 꽃잎의, 달빛의, 서로를 부르는 목소리의 모양으로.

BRAND INFO

HOMEPAGE: bplusm.co.kr / owolschool.co.kr
INSTAGRAM: @bplusm_furniture / @owol_school

지승민의 공기

About

세라미스트 지승민의 손 끝에서 태어나는 도자기.
실용적인 식기와 더불어 일상에서 편하게 즐길 수 있는 오브제를 만든다.
까다롭고 실험적인 유약 텍스처를 통해
고유한 아이덴티티를 쌓아가고 있다.

좌 장우림, 우 지승민

지승민과 장우림. 어쩜 이름마저도 의미를 부여하고 싶을 만큼
독특하고 깊다. 담백한 땅과 생명력 넘치는 숲이 그려지는
음절들. 두 사람이 브랜드를 키워가는 모양새와 닮았는지도
모르겠다. 한쪽은 단단하고 우직하게 자리를 지키고, 다른 쪽은
활력과 변화를 부여하고.
'지승민의 공기'의 '공기'는 숨을 들이쉬는 기체이기도 하지만
삼시세끼 갓 지은 따스한 밥을 담는 그릇을 뜻하기도 한다.
의식할 새 없이 생활에 깃들어 있는 소중한 것들. 생명과
사랑을 확인하는 매개체. 도예와 금속공예 전공 출신의
두 사람이 추상적인 작품활동보다 식기라는 아이템을 선택했을
때는 일상과 가장 가까운 곳에서 무언가를 전달하고자 하는
마음이 작용했을 것이다. 경영적인 무드로 표현하면 '실용'이고.

오프라인 쇼룸은 한남동의 화끈한 상업 지구에서 멀지 않은
한적한 골목에 가만히 서 있었다. 입구를 알리는 로고는
공기 두 개를 포개어 조선시대 백자를 대표하는 달항아리를
표현했다. 지승민 작가는 지금도 틈틈이 달항아리를 만든다고
했다. 공예 컬렉터라면 한번쯤은 마음에 담을 버킷리스트,
달항아리. 이 까다로운 물건을 만들줄 아는 사람이 빚은 식기에
음식을 담아 먹는다는 것은 생각보다 가치가 높은 행위인
것이다. 어제 지승민의 모랫 빛 접시를 사 간 사람은 알고
있을까.

지승민 지승민의 공기 작가, 이하 승민
장우림 지승민의 공기 브랜드 디렉터, 이하 우림

130

조선백자라고 하면
담백하고 순한 이미지가
떠오르는데, 그렇게
생각해도 크게 벗어나지
않을까요?

승민   틀리진 않습니다. 화려한 고려시대 청자와 비교하면
더욱 뚜렷하게 느껴져요. 당시 이웃 국가들은 색채를 많이 쓴
도자를 유럽에 수출하곤 했는데 조선의 경우 독자적으로 자
연미가 가득한 스타일을 창출했어요. 외교적인 영향이나 사
상의 변화도 있고, 현실적으로는 안료 수급 같은 문제도 있
었을 거예요.

현대의 트렌드에 다양한
사회적 요소들이
작용하는 것과 같네요.

승민   그렇죠. 하지만 단순해 보인다고 해서 기술 부족으로
오해하면 곤란해요. 조선시대에 도자기를 만드는 일은 최고
수준의 과학 기술과도 같았거든요. 지금으로 치면 반도체와
비교될 정도예요. 겉모습과는 달리 오히려 절정의 시기였죠.
우림   현대에 와서 '모던'이라고 불리는 특징들이 조선시대
에 기반을 많이 두고 있어요. 그리고 이런 특징을 북유럽스럽
다고 느끼는 분들도 많은 것 같아요. 북유럽 디자인은 실용성
을 강조하는 정체성이 강하거든요. 간결하고 기하학적이고
과학적이기도 하면서 위트가 있죠. 그래서 지승민의 공기를
선보였을 때, 당시 국내를 휩쓸었던 스칸디나비아 디자인 열
풍의 일환으로 보는 분들도 있었어요.

가장 전통적인 것을
따랐더니 가장
현대적이더라, 이런
얘기네요. 유행은
돌고 돈다는 표현도
떠오르고요.

우림   박물관에 가서 보면 옛날 도공들도 우리와 다를 게 없
어요. 오히려 한층 더 소소하고 귀여워요. 동글동글한 무릎
이나 복숭아를 모티브로 한 연적, 참외 모양의 주전자같이
일상적이고 재미있는 유물이 많거든요. 공예라고 해서 어려
울 필요가 없어요. 공감을 일으키는 건 가장 일상적인 것들
이잖아요.

전통을 기반으로 한다는 것은 어떻게 보면 무한한 레퍼런스가 있는 거네요. 파도 파도 끝이 없는.

승민 　특히 조형적으로 풀리지 않을 때, 예를 들어 손잡이를 다는 방법적인 부분에서 막힐 때는 자료를 찾아보는 편이에요. 물론 그대로 만드는 것은 아니고 지승민의 공기에 알맞는 형식으로 재해석하죠.

우림 　트렌드가 아닌 문화를 바탕으로 하기에 생명력이 길어요. 한편 동시대의 작품은 의식적으로 참고하지 않으려고 해요. 도자기라는 아이템이 가진 한계 때문에 쉽게 표절이 될 수 있거든요. 그래서 더욱 전통으로 눈을 돌리기도 하는 것 같아요.

유독 조선 백자에 흥미를 느끼는 이유가 있나요?

승민 　대학에서는 현대 도자가 강세였어요. 현대 도자라 하면 전통보다는 자유 표현에 가까운데, 학생들이 모여 있는 조직이다 보니 아무래도 추상적인 작업을 권유하는 분위기였죠. 물론 전통 수업도 있었고요. 저는 그중 달항아리를 만드는 시간에 끌렸어요. 달항아리는 물레 기법으로 만들 수 있는 가장 높은 수준의 작품이거든요. 물레 작업은 기본적으로 원심력을 이용하기 때문에 자유도에 한계가 있어요. 그 제약 때문에 더 재미를 느꼈는지도 모르겠어요.

달항아리 작업을 꾸준히 하더라고요. 어떻게 만드는 건가요? 저도 언젠가는 소장하고 싶다는 생각이 들어요.

승민 　달항아리는 정말이지 만들면 만들수록 어려워요. 지름이 40cm가 넘는 항아리는 한 번에 성형하기 어렵기 때문에 위와 아래를 반씩 만들어서 접합해요. 그 중심을 맞추는 것이 하나의 관문이고요. 상하 비중을 5 대 5로 하면 밑으로 처지기 때문에 하단에 60~70%의 무게 비중을 둬요. 도안을 그리는 작가들도 있지만 저는 계획보다는 전체적인 조화를 보면서 작업하는 편이에요.

133

브랜드 운영도
작업과 같은 방식으로
진행하나요?

승민　원래는 계획적이고 급한 성격이었는데 도예를 하면서
바뀌었어요. 모든 일들이 그렇지만 특히 도자는 계획한 대로
나오지 않고 또 절대적인 시간이 필요한 분야예요. 인내심이
많이 요구되는 패턴에 적응하면서 되려 마음의 여유가 생기
더라고요.

디렉터 입장에서는 조금
답답할 수도 있겠는데요?

우림　특히 테스트 단계에서 조급해지곤 하는데 그럴 때마다
지승민 작가는 재촉한다고 되는 게 아니니 기다리라고 해요.
재단하고 붙이고 갈면 되는 금속과 성격이 많이 달라요. 금속
은 변수가 덜하다고 할까요. 도자는 흙 속의 수분 같은 요소
들을 조절하면서 바라보는 과정이 많더라고요. 지승민 작가
는 신기하게 흙을 조련하는 재능이 있어요.
승민　아, 모든 작업을 그렇게 하는 건 아닙니다. 달항아리는
자연적인 모습이 가장 아름답다고 생각해서 그렇지만 식기를
만들 때는 철저해요. 식기는 사용성이 중요하기 때문에 우연
을 기대하면 다 불량이 되고 말죠.

식기 작업은 기계처럼
반복적일 텐데 종종 하는
오브제 작업이 환기가
되겠어요.

승민　그래서 오브제 작업은 너무 틀에 맞추지 않으려고 해
요. 그때그때 손과 마음이 가는 대로 움직이면 더 잘 나와요.
계획대로 만들려면 만들 수도 있지만, 그 과정에서 스트레스
를 받잖아요. 그게 방해 요소가 되는 것 같아요.

식기라는 것이
비슷비슷하면서도 조금씩
달라서 만들려면 끝도
없이 만들어낼 수 있을 것
같은데, 지승민의 공기만의
아이템이라고 할 수 있는
것이 있을까요?

우림 식기는 볼, 플레이트, 티웨어 등 기능으로 카테고리를
나누는데 그 안에서 비율이나 선을 변형하는 거라 세상에 없
던 테이블웨어를 만든다고 하긴 어려워요. 다만 시중에 많이
유통되는 제품에 기준을 두지는 않아요. 그러다 보면 결국 다
똑같아지거든요. 우리가 좋아하는 느낌을 찾고 직접 사용해
보면서 최적의 형태들을 걸러내는 거예요.

자료 조사를 하던 중 잘
깨진다는 후기를 봤는데
어느 정도 사실인가요?

승민 "요즘 깨지는 도자기가 어디 있어요?"라고 묻는 고객
이 있었는데 세상에 안 깨지는 도자기는 없죠. 국내 시장은 본
차이나Bone China나 백토에 익숙해져 있어요. 우리가 지향하
는 느낌은 적토를 사용해야 나오는데 기공이 더 많아서 상대
적으로 약할 수는 있어요. 초기 제품의 경우 다소 얇기도 했
는데, 손에 만져지는 느낌도 심적 내구성에 포함된다고 생각
해서 지금은 두께감을 조금 더 주고 있어요. 소지(점토) 배합도
여러 번 실험을 거쳐서 강도를 많이 높였고요. 그 과정에서 우
리의 색깔을 일정 부분 포기했다고 볼 수도 있어요.

우림 국내 브랜드에 대한 잣대가 더 엄격하기도 해요. 프랑
스 브랜드 '아스티에 드 빌라트Astier de Villatte'의 경우 아이덴
티티가 뚜렷한 만큼 내구성이 약하거든요. 하지만 그 커피잔
이 깨졌다고 컴플레인을 걸진 않죠. 정체성과 시장의 요구 사
이에서 줄타기가 쉽지 않아요.

왜 종잇장처럼 얇은 프랑스 제품은 킨츠키('금으로 수리하다.'라는
뜻으로, 깨진 도자기나 그릇을 보수하는 일본 공예)까지 해가며 다시 붙여서
쓰는데, 국내 제품은 당연한 듯 불량 접수를 할까? 브랜드
파워의 문제일까, 아니면 빠르게 성장하는 국내 브랜드 시장에
발맞추어 사라지지 못한 사대주의의 잔재일까? 쇼룸에 열 맞춰
전시되어 있는 그릇들을 훑어보았다. 역사 깊은 북유럽이나
일본의 장인이 만들었다고 해도 의심가지 않을 사물들. 하지만
지승민의 공기의 머그잔을 14만 원이 아닌 4만 원에 살 수 있는
이유는 경기도 어딘가의 작업실에서 땀 흘려 빚은 도자를 직접
판매하고 있기 때문이라는 사실을 간과해서는 안 된다.
이 물건에서 빠진 것은 어떤 가치나 퀄리티가 아니라 서양
국가의 인건비나 바다를 건너서 실려 온 운송비일 뿐이니까.

지승민의 공기가 존재할 수 있었던 것에는 지승민을 오랫동안
곁에서 지켜본 장우림의 역할이 컸다. 연애 시절, 집에 하나둘씩
들고 온 그릇은 지인들에게 인기가 좋았고 학교에서 열린
공예 마켓에서는 많은 불특정다수의 선택을 받았다.
장우림에게는 가능성을 발견하는 눈이 있었다. 금속공예 전공을
한 그에게는 직접 손으로 만드는 것보다 시장을 이해하고
산업을 움직이는 것이 더 구미가 당기는 일이었다.

장우림 디렉터님은 본인 작업을 하고 싶다는 생각은 없었나요?

우림   학교에서는 아트주얼리를 중점적으로 다뤘는데, 저는 언제나 상업적인 것에 더 많은 흥미를 느꼈어요. 하루빨리 현장에서 뛰고 싶은 마음뿐이었죠. 커머셜(상업) 주얼리는 어떻게 만들고 어떻게 유통되는지 너무 궁금했어요. 그런 건 학교에서 가르쳐주지 않잖아요.

그래서 직장에서 MD를 했던 거군요. 발을 들인 커리어가 있었는데 지승민 작가님과의 동업을 선택한 이유가 있었나요?

우림   동업이라고 생각하고 시작한 게 아니라 이직을 준비하면서 잠깐 도와주려 했던 것뿐이에요. 회사에서 배운 유통 구조와 업무 시스템에 대해 지승민 작가에게 자주 얘기했어요. 당시만 해도 제작자 컨디션에 따라 결과가 들쑥날쑥한 공방들이 많았는데, 딱히 제작자만의 문제는 아니에요. 작업과 운영 모드의 전환이 사실상 불가능하거든요.

승민   글을 쓰셔서 아시겠지만, 흐름이 끊기면 돌아가는 데 시간이 걸려요. 단편적으로는 물레를 돌리던 손으로 전화를 받을 수가 없고요.

우림   제 명함을 만든 이유도 단순히 전화를 받기 위해서였어요. 지승민 작가가 잘하는 걸 돋보이게 해주고 싶었고, 그래서 틀을 잡는 것만 도와주겠다고 했죠. 잘 살펴보면 도자업계에 가족 단위 비즈니스가 많아요. 그렇게밖에 할 수 없을 거예요.

작품이냐 제품이냐의 경계에서 제품이길 바라는 거군요. 공예에서 브랜드로 넘어가는 지점인 것 같네요.

우림   어디든지 협업 관계를 맺으려면 체계가 필요해요. 일정하고 꾸준한 시스템이 없다면 리스크가 너무 크죠.

아무래도 장우림 디렉터님에게 사업력이 있는 것 같네요.

우림 진취적이고 적극적인 성향은 아니지만 하고 싶은 게 많아요. 다만 제작자보다는 조력자가 잘 맞아요. 제 속에 있는 생각들을 직접 만들지 않고 소개할 수 있다는 점이 즐거워요.

승민 작가들에게는 정말 필요한 존재예요. 제작 외의 일까지 혼자 다 짊어지면 지속가능성이 떨어져요. 실제로 혼자 작업하다가 사라져버리는 작가들이 많아요. 저는 고맙게도 도자기만 잘 만들면 되죠.

그럼 브랜드를 만들면서 결혼한 건가요?

승민 매일매일, 종일 보는데 9년이나 만났으니 이젠 같이 살자고 했어요.

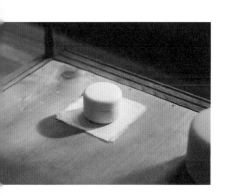

매우 실용적인
프러포즈네요.
브랜드에서 풍기는
느낌과는 다르게 두 분
다 성격이 급한 편이라고
해서 의외였어요.
초창기에는 트러블이
많았겠는데요?

우림 많은 정도가 아니라 단 한가지도 그냥 넘어가는 게 없었어요. 예를 들어 제가 생각하는 하얀색과 지승민 작가가 생각하는 하얀색이 다르잖아요. 그러면 가능한 하얀색을 모두 찾아서 둘의 간격을 좁혀야 하는 거예요. 기물의 곡선을 정할 때도 마찬가지예요. 컴퓨터 작업이 아니기 때문에 직접 만들어서 실물을 확인하는 과정이 정말 오래 걸렸죠. 제가 옆에서 채근하면 결국 싸움으로 번져요.

승민 제 딴에는 열심히 하는데 서운해지고 마는 거예요. 너무 몰입해서 피드백 타이밍을 놓치는 저의 잘못도 있었고요. 혼자 앞서나가면 지적이 들어왔을 때 다시 작업해야 하고, 이미 에너지를 소진한 상태에서는 받아들이기 힘들더라고요. 지금은 적당한 단계에서 공유하고 의견을 맞춰서 다음 단계로 넘어가요. 결과 자체만 보면 비슷하지만 과정이 발전했죠. 특히 의사소통 방법에서 많이 개선되었어요.

우림 시스템적으로도 그렇지만 지승민 작가 본인이 많이 변했어요. 이제는 제가 잔소리해도 화가 안 난대요. 가끔은 도인 같다니까요.

우림 본디 예민한 사람이지만 자신을 괴롭히지 않는 방법을 배운 거예요. 기다리면 답이 있다는 사실을 깨달은 거죠. 저도 극도로 예민하고 기복이 심하지만 어쩔 수 없이 기다려야 한다는 걸 알았어요. 제 속도에 맞춰서 운영했다면 과연 좋았을까? 그렇지 않을 것 같거든요. 기다리는 동안 생각을 다듬고 버렸다가 다시 줍기도 하면서 필요한 시점에 정제된 아이디어를 내놓아요. 지승민의 공기에게는 적절한 기간이라는 생각이 들어요.

'파티나 시리즈'가 그렇게 탄생한 거군요. 10년이 다 되어가는 브랜드의 두 번째 컬렉션인데, 어떤 의도를 담았나요?

우림 파티나patina는 본래 금속공예 기법의 하나예요. 금속에 산화 물질을 발라 부식시켜서 색이 올라오게 하는데 나무나 가죽 같은 소재에도 파티나가 있죠. 보통 빈티지 가구에서 많이 보여요. 그런데 도자에는 없어요. 유리질이기 때문에 표면이 바뀌지 않거든요. 그래서 오히려 이걸 표현할 수 있다면 재미있겠다고 생각했어요.

말만 들었을 때는 굉장히 어렵게 느껴지는데요. 도자로 금속을 표현한다라.

승민 유약 자체가 광물로 만드는 것이라 금속성이 있어요. 시중에도 좋은 유약이 많고 그대로 사용해도 충분한 식기를 만들 수 있지만 전하고자 하는 이야기가 있기에 자체 개발을 선호해요. 사실 걱정이 많았어요. 이렇게 오브제 느낌이 강한 질감이 받아들여질지 의문이었거든요.

우림 다행히 요즘에는 다소 새로운 것들을 좋아하는 것 같아요. 취향이 다양해지기도 했고요. 제작자 입장에서는 좀 더 과감하게 플레이하고 싶다는 자신감이 생겨요.

자체 컬렉션이 둘이라 단정 짓기가 어렵지만, 지승민의 공기이기에 유지하고 싶은 무드나 가치 같은 것이 있을까요?

우림 딱히 정해두지 않아요. 관심사를 우리의 스타일로 풀어내는 방향은 고민하지만 반드시 무엇을 고수해야 한다는 고집은 없어요. 좋아하는 형태를 유지하면서 색이나 질감으로 변주를 주고, 또 반대로 그에 맞는 형태를 찾으면서 너무 어렵게 가지 않으려고 해요.

그럼에도 종종 내적 흔들림이 있지 않나요? 쉽게 드러나기 힘든 세상이잖아요.

우림 광고나 인플루언서 마케팅을 해보라는 조언도 많이 받았어요. 하지만 우리가 지향하는 방식으로 풀리지 않는 경험을 몇 번 해보니 참 서운하더라고요. 짧게 소비되고 사라지는 걸 굳이 노력해서 확인하고 싶진 않아요. 멘탈이 강하면 그 또한 하나의 방법일 뿐이라고 여기려나요? 그렇다면 저는 멘탈이 강하지 않은 사람이에요.

결과물이 나오기까지 얼마나 치열하게 노력했는데 당연히 서운하죠. 그리고 그런다고 매출이 폭발하는 아이템일까 하는 생각도 들고요.

우림 일시적인 효과는 있지만 그만큼 쉽게 꺼지기도 해요. 무엇보다 우리 고객들이 그런 걸 바라지 않아요. 브랜드와 소비자는 서로 닮아 있어요. 지승민의 공기만큼 그분들도 온라인에서는 목소리가 크지 않아요. 실물로 이야기할 뿐이죠.

흐름이 빠른 시대에 마음이 편안해지는 얘기네요. 기본적으로 해야 할 것만으로도 숨이 가빠지는 날들이잖아요.

우림 조금만 변화를 주려고 해도 새로이 공부해야 하거든요. 하나라도 제대로 하려면 2~3년이 훌쩍 지나가요. 빠른 도시에서 사업을 하면서 속도를 따라야 하는가에 대해서는 부정적인 입장이에요. 그 방향에서 가장 먼저 고갈되는 건 지속가능성이에요.

승민 느려 보여도 저희 나름의 계획이 있습니다.

마침 새로운 시도를 앞두고 있다고 들었어요.

우림 새 컬렉션의 시기가 다가오고 있어요. 지금까지 해온 것들보다 더 힘을 뺀 무엇을 상상하고 있어요. 뭔가 하고 싶다는 마음이 들 때 자료를 찾아보면 유난히 좋다고 느껴지는 게 있어요. 그게 컬렉션의 근간이 돼요(지승민의 공기는 후에 파피에 Papier 시리즈를 론칭했다).

144

국내에 매력적인 도자 브랜드가 없지 않다. 그럼에도 지승민의
공기에 마음을 두게 된 이유에는, 이곳과 손잡기로 한
타 브랜드의 영향도 컸다. 휴식을 이야기하는 '식스티세컨즈⁶⁰ˢ'
의 쇼룸에 가면 지승민의 공기를 구매할 수 있고, 정갈한 가구
브랜드 '스탠다드 에이STANDARD-a'에서 잔잔하고 충만한 전시를
열기도 했다. 부모를 보면 자식을 알 수 있듯이, 파트너를 보면
브랜드도 알 수 있다. 나의 정체성을 유지하는 행위에는 주변에
어떤 정체성을 둘 것인지 선택하는 것도 포함되니까.

그동안 콜라보한
브랜드들이 일종의
신뢰도 지수가
되어주기도 하는 것
같아요.

우림 좋은 파트너는 인간적인 면에서도 결이 잘 맞는 쪽이라서, 서로를 잘 이해하고 있어야 해요. 그런 자세가 모두 결과로 드러나죠. 좋은 기회를 많이 만들고 싶지만 먼저 제안을 해본 적은 없어요. 진행하고 있는 일만 감당하기에도 충분히 바쁘게 지내고 있어요.

외부 프로젝트도 많군요.
장우림 디렉터님은 중간
역할을 담당할 텐데 그
고충도 무시 못 할 것
같은데요?

우림 예를 들어 검정 유약을 개발해 달라는 요청이 들어왔다고 생각해 보세요. 검정의 종류도 천차만별이잖아요. 브랜드 이미지에 맞는 톤과 질감을 찾기 위해 n차 테스트를 거쳐야 하기에 여유를 갖고 진행하는 게 좋다고 말씀드려요.

승민 처음에는 자만해서 기간을 짧게 잡기도 했는데, 불량률이 너무 높더라고요. 안 되는 건 안 된다고 확실히 얘기해야 해요. 무리하면 양쪽 다 감당할 수 없는 상황이 발생할 수 있어요. 그걸 모를 때는 어떻게든 할 수 있다고 해버리는 바람에 장우림 디렉터가 화가 많이 났었죠.

우림 저는 전달자 입장이잖아요. 작업자가 장담한 대로 결과가 안 나오면 너무 난처해져요. 특히 파트너에게 쉬운 언어로 풀어서 설명하고 다시 작가에게 질문을 전달하는 역할이 어려워요. 추상적인 작업이기 때문에 같은 말에도 다들 떠올리는 이미지가 다르거든요. 요즘에는 필요에 따라 지승민 작가와 미팅에 동행하기도 해요.

두 분의 관계에서 여전히
풀리지 않는 문제가
있다면 무엇일까요?

우림 저는 큰 그림을 그리는 편이어서 추상적인 표현을 할 때가 많고, 지승민 작가는 구체적으로 프로세스에 맞게 생각하려는 경향이 있어요. 각자의 역할이 다르기 때문에 어쩔 수 없다고 생각해요.

동업할 때 주의해야 할 점이 있다면 뭘까요?

우림   동업자가 어떤 얘기를 해도 들을 준비가 되어 있는지 점검해 볼 필요가 있어요. 돈이 걸려 있는 문제이기 때문에 태클 걸기가 쉽거든요. 하지만 역설적이게도 돈을 좇으면 발전이 없어요. 본전 생각하면 도전에서 점점 멀어지잖아요. 그런 면에서 마음이 잘 맞아야 하고, 실제적으로는 역할 분담이 잘 되어야 해요.

승민   함께해서 다행이지만 정말 어려워요. 저희는 가족이라 가능했던 것 같아요. 쉽게 헤어질 수 없으니까요. 지금은 손발이 많이 맞춰졌지만 솔직히 추천은 못 하겠어요.

갈라서야겠다고 생각한 적도 있었나요?

우림   밥 먹듯이 했죠. 나는 못 하겠다. 내가 할 수 있는 일이 아니다. 여기까지만 하겠다.

승민   의견 대립이 많았는데 언젠부턴가 장우림 디렉터의 말이 귀에 들어오더라고요. 마음을 열고 수렴하면 결국 좋았어요. 정말 안 되는 건 실물로 보여주면 설득이 됐고요.

우림   제가 도예 시스템에 적응한 것도 있어요. 과정을 알고 나니 막연함이 많이 사라졌고, 제 선에서 판단할 수 있는 능력도 생겼어요.

승민   시간이 약이에요. 동업 초기 3~4년은 각오해야 해요. 대부분 그때 담판이 지어진다고 생각해도 무방할 것 같아요. 그걸 넘어서야 다음 단계로 갈 수 있어요.

장우림 디렉터님이
이직하지 않고 계속 함께
한 이유는 뭐였나요?

승민 제가 평소에 단호하게 말하는 일이 없는데, 정말 절박했어요. 잘할 수 있으니 믿어 달라고, 함께해 달라고 붙잡았어요.

우림 심지어 입사 제안이 오기도 했는데, 그렇게까지 말하니 선뜻 발이 안 떨어지더라고요.

다툴 때마다 마주 앉아서
화해할 수도 없고 어떻게
해결하나요? 안 싸운
척하는 자아가 나오기도
하나요?

승민 방금 전에 다퉜는데 업무 때문에 대화해야 하는 경우도 있어요. 그 과정에서 저절로 풀리기도 하지만 절대 말처럼 쉽지 않아요. 부부 동업 관계가 힘들다고 하는 이유는 업장에서 생긴 갈등이 가정까지 연장되기 때문이에요. 저희는 다섯 살 된 아들이 있어서 집에서는 티 내지 않으려고 노력하다 보니 표면적으로 싸우는 일이 거의 없어졌어요.

우림 성향 차이도 있어요. 저에게는 문제인데 지승민 작가는 아니라고 생각하는 거죠. 제가 화를 내면 그럴만한 이유가 있겠거니 하고 넘어가거나 자기는 그런 뜻이 아니었다고 해명해요. 싸움이 안 되죠.

승민   아이가 생기고 사이가 더 돈독해졌어요. 가족으로써 티끌 하나 남기지 않고 모두 공유했다고 느끼는 지점이 바로 육아였던 것 같아요. 아이를 어떻게 키울 것인가에 대해 대화하다 보면 뿌리 깊은 곳까지 나누고 있다는 느낌이 들어요.

브랜드 운영이 육아와 닮아 있다는 게 그런 지점인 것 같아요. 하지만 잘 다퉈야 문제가 해결되기도 하잖아요. 지승민 작가님은 혼자 작업하는 시간에 해소가 될 것 같은데, 장우림 디렉터님은 스트레스를 어떻게 푸나요?

우림   퇴근하면 육아하느라 바빠서 그럴 틈도 없어요. 제일 좋아하는 건, 저랑 상관없어 보이는 이야기를 찾아보는 거예요. 비슷한 부류의 사람들만 만나다 보면 조금 따분해질 때가 있거든요. 로봇공학 박사나 인문학자 같은 사람들의 이야기가 재미있어요. 의외의 포인트에서 인사이트를 얻을 때도 있고요.

디깅하는 성향이
짙으시네요. 컬렉션 하나
만들기 위해 논문이며
역사 자료를 다 찾아보는
사람들은 흔하지
않을 걸요.

우림 역사를 들여다보면 재미있어요. 왜 이 소재를 썼을까? 이 색은 왜 쓴 걸까? 다 이야기가 있거든요. 사람들은 모를지언정 오류가 있으면 안 된다고 생각해요. 유행이니까 한번 해볼까, 하는 겉핥기식 접근은 스스로 설득이 안 돼요. 아예 움직여지지 않아요.

그런 집요함 덕분에
탄생한 브랜드네요.
한편으로는 두 분의
관점이 어느 한쪽에
치우쳐 있을지도
모른다는 고민은 없나요?

우림 왜 없겠어요. 우리끼리 북치고 장구치는 건 아닐까 싶을 때도 있어요. 이렇게까지 파고들어야만 할까 하는 의문이 들 때마다 생각해요. '우리는 이걸 늙어서도 계속하고 있을 거다.' 습관적으로 타협하다 보면 생명력이 줄어들어요. 적당히 해도 잘 먹고 사는 브랜드들과 다를 바가 없어지는 거예요. 다만 속도에 대한 스트레스가 없지 않아요. 시중에 비슷한 제품이 깔리는 건 순식간이거든요. 그래서 지승민의 공기와 다른 브랜드들을 어떤 흐름으로 묶어서 해석하면 좀 속상해져요. 저희를 결과보다 과정으로 봐주는 게 더 좋아요. 그게 진짜 우리니까요.

아무래도 표면적으로
보기 쉽죠. 시간이 걸리는
일인 것 같아요. 무언가
좋은 게 나타나면 비슷한
것들이 군락을 이루다가,
어느 순간에 대다수가
사라지고 심지 곧은
몇몇만 남더라고요.

승민 작업하는 선배들만 봐도 그렇고, 우리도 같은 과정을 겪고 있는 거겠죠. 불확실해서 어렵지만 이런 일을 하는 사람들은 누구나 거친다고 생각하면 조금 위안이 돼요.

우림 지승민의 공기가 10년이 되어간다는 사실을 인식하지 못하고 있었어요. 10년은 버티자고 하면서 시작했는데 어느새 그 시간이 채워지고 있었네요. 성공보다는 생존에 가깝지만, 사실은 그게 현실이 아닌가 싶어요.

지승민의 공기를 보면서 그런 생각을 했어요. 그릇장에 놓으면 하나하나 오브제같이 존재감이 강한데 식탁에 올리면 갑자기 잠잠해지면서 음식을 돋보이게 해주는 거예요. 되게 신기했어요.

우림   그렇게 느꼈다고 하니 뿌듯하네요. 처음부터 의도가 그랬거든요. 그 자체로도 아름답지만 음식을 담았을 때 충실하고 다른 그릇들과 조화를 이루는 식기를 만들자고요. 그래서 새로운 컬렉션을 만들 때 기존 제품을 많이 생각해요.

승민   식기의 용도마다 형태와 비율이 달라요. 접시는 납작하고 볼은 둥글고 티웨어는 높죠. 식기의 기능을 갖고 있지만 하나하나가 오브제라고 생각하고 만들어요. 정확히 봐주셔서 기쁩니다.

BRAND INFO

HOMEPAGE: jiseungmingonggi.com
INSTAGRAM: @jiandgonggi

작은 울타리 안에서 누구보다 깊이 들어가지만 가능성만큼은 우주로 뻗어나갈 만큼 활짝 열어두는 지승민의 공기. 앞으로 30년 동안 식기만 만든다고 생각하면 너무 답답하지 않겠냐며 국내 탑 식기 브랜드가 되는 것이 목표가 아니라는 두 사람. 긴 호흡을 가지고 관심사를 발굴해 가는 과정에서 반짝이는 것들을 갈고 닦아 세상에 내보이기 시작한 지 이제 채 10년이 되지 않았다. 식기는 시작일 뿐 다시 금속을 만질지도 모르는 일이라고 말하는 장우림의 머릿속에서 언제 어떤 물건이 탄생할지 짐작해 보려는 것 자체가 편협하게 느껴졌다. 한 가지 장담할 수 있는 것은, 뭐가 됐든 지극히 지승민의 공기답게 설득력 있을 거라는 점이었다.

지승민과 장우림은 다섯 살 차이가 나는데 같은 학년을 다녔다고 했다. 이유인즉슨 지승민이 한창 깔끔 떨던 스무 살에 구두를 신고 실기실을 오가다가 도무지 적성에 맞지 않을 것 같아서 한 달 만에 휴학을 신청하고 입대했기 때문이다. 마치 장우림의 입학을 기다린 것처럼. 너무 동화 같은 해석인가? 하지만 그렇지 않고서야 우리의 만남과 약속을 어떻게 설명할 수 있을까. 브랜드를 만들고 포기하지 않는 것은 아이를 낳고 키우는 것과 크게 다르지 않다. 그것은 아마도 기적의 어떤 특징들을 품고 있는 사건일 것이다. 녹음기를 끄고 뒤를 돌아보니 대화 내내 쇼룸을 어둡게 물들이던 장대비가 그치고 황금빛 오후 햇살이 밀물처럼 들이치고 있었다.

프루타

$+$

페얼스

About

빈티지하고 캐주얼한 무드의 악세사리 브랜드 프루타와
의류 브랜드 페얼스. 과감하고 컬러풀한 그래픽 플레이가 공통점이다.
서부 미국 문화의 영향을 많이 받았으며
자유와 독립성을 중시한다.

좌 김대현, 우 심수지

'무슨 플라스틱 귀걸이가 3만 원이나 해?' 누군가는 분명
이렇게 생각했을 것이다. 틀렸다는 것은 아니다. 그저 프루타의
고객이 아닐 뿐. 겉으로 보기엔 한낱 플라스틱 액세서리에
불과할지 모르지만 직접 모양과 색을 디자인하고 샘플을 만들고
아크릴판을 제작하고 불량을 걸러내고 화보를 찍고 '프루타'라는
이름으로 당신의 문 앞에 도착하기까지의 여정을 짚어본다면,
그 3만 원이 단순히 비싸게만 느껴지지 않을지도 모른다.
오색찬란 발랄한 액세서리 브랜드 프루타는 어느 날 갑자기
등장해서 패션 업계와 소비자들의 관심을 단숨에 독차지했다.
스페인어로 '과일'을 뜻하는 프루타는 오너 심수지와 많이
닮았다. 못난이 인형 같은 사람. 그러니까 못난이 인형의 매력
포인트인 까무잡잡한 피부와 주근깨, 곱슬머리, 주변의 시선 따위
신경 쓰지 않는 개구지고 천진난만한 표정 같은 사랑스러움을
타고난 사람이 만들었다.

그 옆은 '페얼스'를 운영하는 김대현이 지키고 있다. 페얼스를
생각하면 바닷가에 놀러 갈 때, 집 앞 공원이나 편의점에 갈 때 등
편하고 평범한 장면들이 떠오른다. 프루타와 어딘가 닮았지만
전혀 다른 의류 브랜드. 대단히 특별하거나 독특한 지점이
없는데 아마도 그렇기에 많은 사랑을 받는 거겠지. 페얼스는
둘의 첫 사업 '베니수아'의 쇼룸 한구석에서 싹튼 이름이었다.
당장이라도 맨발로 집을 나서 서프보드에 오를 것만 같은
두 사람이 수제화라니. 까다롭고 세심하고 정성스러운 수제화의
세계에서 5년 동안 험한 파도를 타던 이들은 빈티지에서
즐거움을 찾았고, 그 돌파구는 결국 삶 자체가 되었다.

심수지 프루타 대표, 이하 수지
김대현 페얼스 대표, 이하 대현

158

곧 하와이에 간다고요.

수지　하와이에 매장을 열 계획이에요. 페얼스가 아닌 다른 이름으로요. 대현 오빠가 혼자 다녀오게 되었는데 두 달 안에 매장을 계약하고 오픈까지 해야 하는 상황이라 부담이 좀 있을 거예요.

**엄청난 미션인데요.
하와이 숍은 어떤
브랜드가 될 예정인가요?**

대현　빈티지가 주 카테고리예요. 물론 첫 세팅이 중요하긴 하지만 지금으로써는 완벽하게 하기보다 일단 시작하는 게 우선이에요. 미국과 한국을 오가며 일과 삶을 꾸리고 싶어요.

**하와이 여행은 딱 한 번
가봤는데 너무 좋았어요.
하지만 그만큼 물가가
비싼데요. 부동산도
어마어마하다고 알고
있어요.**

대현　그런 면이 있지만 저희가 그리는 사업을 하기에도 좋은 환경이에요. 대형 쇼핑몰만 산재하고 재미있는 숍이 별로 없다는 게 항상 아쉬웠어요. 하와이라고 하면 예전에는 신혼여행을 떠올렸지만 지금은 젊은 사람들도 쉽게 찾는 여행지가 되었고요. 특히 빈티지에 대한 이해도가 높은 일본인이 많이 거주하고 있어요.

수지　워낙 여름과 바다를 좋아하니 사업과는 별개로 하와이 문화를 누리고 싶은 마음도 커요. 1970~80년대 하와이 빈티지 제품들을 한국에 소개하고, 역으로 페얼스와 프루타를 미국에 보여주고 싶어요.

유독 빈티지를 좋아하는데 특별한 이유가 있나요?

수지 저는 새 옷을 사지 않아요. 빈티지에는 새 옷에서 느낄 수 없는 매력이 있거든요. 그래픽이나 나염 기법도 다르고 많이 입어서 헤진 모습마저도 좋아요. 뭔지 모를 특별함이 깃들어 있어요. 코로나 이전에는 잠깐 멈춰야 할 때마다 일본이나 미국에 갔어요. 하루 종일 빈티지 마켓을 돌아다니면서 머리를 식히고 영감도 받곤 했는데 오랫동안 해외로 나가기 힘들어지니 국내 바다를 찾기 시작했어요.

대현 아침 8시쯤 해변에 가면 아무도 없어요. 돗자리를 펴고 누워서 태닝하다가 바닷물에 몸도 조금 담갔다가, 배고프면 근처 가게에서 주전부리를 사다 먹어요. 딱히 서핑이나 산책을 하지도 않고 그렇게 저녁까지 강아지랑 셋이 놀아요.

바닷가에서 쉬는 건 알겠는데, 종일 빈티지 숍을 돌아다니는 건 일에 가깝잖아요. 다른 의미로 해소가 되나요?

수지 일로 느껴지지 않을 만큼 재미있어요. 평생 하고 싶을 정도로. 나이가 들면서 언제까지나 크리에이티브하게 브랜드를 운영하는 게 능사는 아니겠다는 생각이 들었어요. 의류와 액세서리를 만들면서 환경 생각을 안 할 수가 없고요. 그래서 하와이에 빈티지 숍을 열기로 결심한 거예요.

환경 문제에 있어서는 브랜드들도 책임을 회피하기 어렵죠. 수지 대표님은 어릴 적 부산에서 국제시장 같은 환경을 경험하면서 빈티지 문화를 체화했다고 했는데, 대현 대표님은 어떻게 같은 취향을 갖게 되었나요?

대현 저는 음악을 공부했어요. 1970~90년대 음악을 참 좋아했는데 시대가 변하면서 조금씩 흥미가 떨어지더라고요. 어떻게 보면 음악 안에서 빈티지를 추구하고 있었는데, 수지를 만나면서 패션에도 눈을 뜨게 된 거죠.

사실 페얼스가 작은 빈티지 숍의 굿즈로 시작했죠. 로고 플레이를 하면서 의류 브랜드로 자리를 잡았는데, 성공 원인이 뭐라고 생각하세요? '쉽다'는 점이 접근성을 높이지 않았나 싶기도 하고요.

수지　맞아요. 휴대폰 케이스 같은 굿즈를 몇 개 만드는 것으로 시작했어요. 지금 스테디셀러가 된 캔버스 토트백이 당시에는 1년에 100장도 안 팔렸어요. 재고만 털고 끝내자고 했는데 어느 날 갑자기 주목을 받더라고요.

대현　로고 영향이 큰 것 같아요. I를 중심으로 양쪽에 알파벳이 두 개씩 배치된 모습이 완벽하지 않나요? I와 R의 위치를 바꾸면 Paris가 되는데 로고로써는 다소 불안정해 보여요. 배열이 좋아서인지 어떤 폰트를 써도 예쁘더라고요. 페얼스 제품 자체만 보면 접근성이 쉬운데 막상 찾아보면 대체할 만한 것이 없어요. 이것이야말로 한 끗 차이의 힘이라고 생각해요.

정말 그래픽적인 접근이네요. 컬러감만 봐도 빈티지에서 영향을 많이 받은 것 같아요.

수지　아무래도 모두 좋아하는 것에서 출발한 것들이라 그럴 수밖에 없어요. 그래서 빈티지 제품들과 함께 비치해도 자연스럽게 어우러지는 장점이 있더라고요.

그 말에 주위를 둘러보니 옷걸이에 걸려 있는 하와이안 셔츠의
색이 페일스 양말에 고스란히 담겨 있었다. 레몬버터색 바탕에
채도가 낮은 하늘색 그래픽, 진한 듯 부드러운 핑크에 하얀색
디테일. 수십 년 전에 만든 것과 올해 갓 만든 것들을 함께
코디해도 전혀 이질감이 없었다. 빈티지를 모르는 사람들은
따라 하려 해도 우러나오지 않는 감각. 한 번은 해도 두 번은
어려운 느낌. 좋아하는 일을 한다는 것의 힘은 바로 이렇게
드러나는 것이겠지. 가장 자연스럽고, 가장 오래 가는 매력으로.

빈티지숍에 대한 도전은 계속 존재해 왔다. 심수지는 '도터스
빈티지'라는 가게를 혼자 운영하기도 했었다. 자칭 '미국 햇살'이
많이 들어온다던 그 공간에는 그녀의 취향과 관심사를 진하게
짜낸 순도 100%의 빈티지 상품들이 한가득이었다.
짧은 기간이었지만 혼자만의 시간을 마음껏 누리도록
허락했을 곳. 도터스 빈티지의 흔적은 후암동 쇼룸 안에 진한
분홍색 방의 모습으로 남았다.

각 브랜드의 규모가 큰 편이 아닌데 모두 다른 이름으로 운영하는 이유가 있나요?

수지　하나의 브랜드 안에서 여러 갈래로 나뉘면 제가 제 발목을 잡는 꼴이 돼버려요. 프루타 안에 빈티지 코너를 만들면 프루타 무드로만 운영해야 하잖아요. 브랜드 규모를 굳이 키우지 않는 이유는 하와이를 염두에 두고 있기 때문이에요. 지금 쇼룸도 하와이 매장을 상상하며 꾸몄어요.

이곳이 하와이 숍의 테스트 베드가 되는군요. 도터스 빈티지도 좋은 공간이었지만, 정리할 때 속 시원하지 않았어요? 저는 그런 편이거든요.

수지　도터스 빈티지는 코로나가 길어지고 공간 계약이 끝나면서 물건만 옮기고 마무리했어요. 저는 접는 거 좋아해요. 언제나 새로운 걸 더 선호하거든요. 반면 대현 오빠는 늘 여운을 갖고 추억을 돌아보는 시간을 가져요. 짐이 빠진 사무실을 한바퀴 돌고 직원들에게 수고했다는 연락을 남기기도 하고요. 그동안 저는 새 공간 꾸밀 생각만 가득하죠.

두 분 성향이 정말 다르잖아요. 일할 때도 완전히 반대일 것 같은데.

대현　저는 생각이 필요 이상으로 많고, 수지는 생각하기도 전에 실행하는 스타일이에요. 한참 끌어안고 고민하다가 속도를 붙여야겠다는 생각이 들면 수지에게 들고 가요. 그 자리에서 바로 결정을 내려주죠.

수지　저는 매사에 직관적이에요. 한편 놓치는 일이 많아서, 프루타 운영의 뒤에 오빠가 있어요. 월세 내는 날, 세금 내는 날, 월급 주는 날은 물론이고 인스타그램 포스팅의 오타도 다 잡아줘요.

대현　수지는 SNS 포스팅을 정말 쉽게 해요. 저는 이모티콘 하나도 결정을 못 해서 수지에게 물어볼 때가 있어요. 수지는 다 괜찮다고, 그냥 하라고 하죠.

대현 대표님이 듬직한
느낌인데 반대로
의지도 많이 하는군요.
현실적이면서도 감수성이
풍부한 성격인 것 같아요.

대현　스스로 힘들게 하는 스타일인데 수지를 만나고 함께 일하면서 많이 바뀌었어요. 지나치게 신중했던 면도 개선하고, 화내는 방법도 배웠어요.

왜 베니수아를
만들었는지 알겠네요.
대현 대표님과 수제화가
잘 맞았겠어요. 단정하고
정적인 디자인들이었는데.

대현　제 성격이 딱 그래요. 장인 정신을 추구하고, 가죽 제품도 여전히 좋아하고요. 수지를 만나기 전까지는 옷도 무채색만 골라 입었어요.

잘 운영하는 듯하다가
돌연 폐업을 했는데,
어떤 일이 있었나요?

수지　제 성격에는 정말 힘들었죠. 그렇다고 해도 그만둘 줄은 몰랐어요. 베니수아 쇼룸 한편에 페얼스라는 이름으로 저희의 취향을 보여주는 코너를 만들었는데, 그게 주목받기 시작하면서 베니수아가 자연스레 뒷전이 되었어요. 수제화라는 아이템이 스트레스가 많긴 해요. 그래픽 티셔츠에 비해 훨씬 섬세하고 까다롭죠. 게다가 사업적 계산 없이 좋은 신발을 만드는 데에만 집중하다 보니 점점 지치더라고요. 언젠가는 알아줄 거라 기대하며 버텼는데 그런 순간은 쉽게 오지 않았어요. 한국에서 5년 동안 브랜드를 유지한다는 건 어려운 일이에요. 그걸 넘으면 다음 10년을 어떻게 가느냐의 숙제가 있고요.

I.B.C.
1967
LONG BEACH
California

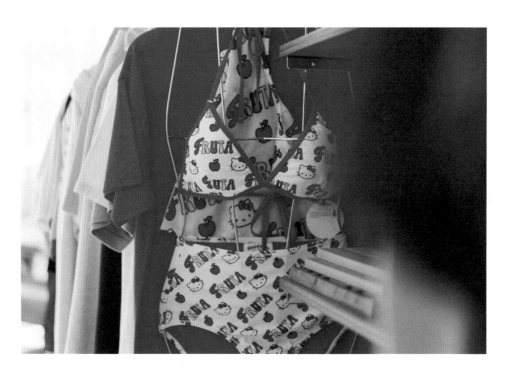

프루타가 얼마나 되었죠?

수지 5년 넘었어요. 새로운 스타일이라 초반에는 관심을 많이 끌었는데, 아크릴 주얼리 브랜드가 많아지기도 했고 환경적인 측면에서 소재에 대한 죄책감을 떨치기 어려워서 조금 다른 방향을 모색하려고 해요.

그래서 의류 같은 아이템도 개발하는 거군요. 그런데 소비자 입장에서는 브랜드가 방향을 잃었다고 느낄 수 있지 않을까요?

수지 초창기 고객들은 그렇게 생각하는 것 같기도 하지만 새로 유입된 분들은 프루타를 하나의 무드로 인식하기 때문에 아이템에 대한 제한은 별로 없어요. 많이 알려진 것 같아 보여도 모르는 분이 월등히 많죠. 이번에 헬로키티 콜라보를 통해 처음 접한 분들도 수두룩해요.

저 역시 헬로키티 제품들이 눈에 들어오더군요. 어떻게 하게 된 협업인가요?

수지 '산리오Sanrio' 한국 법인지사 담당자님이 개인적으로 프루타 팬이라며 연락이 왔어요. 저 또한 헬로키티의 오랜 팬이었기에 기꺼이 승낙했죠. 하지만 좋은 만큼 힘들었어요. 이렇게 규정이 까다로운 브랜드는 처음이었던 것 같아요. 얼굴이나 리본 디테일이 비대칭이고 모든 그래픽 컬러가 정확하게 맞아야 해요.

대현 헬로키티와 협업을 진행하면서 술을 많이 마시더라고요(웃음).

수지 저는 바로 결정하고 진행해야 하는데 까마득한 거예요. 포기하고 싶다는 생각도 여러 번 들었지만 끝까지 해내는 모습을 보여주고 싶었어요. 샘플 비만 몇천만 원이 나와서 사실상 수익 면에서는 큰 이득이 없어요. 그저 헬로키티에 대한 저의 애정을 표현한 프로젝트라고 생각해요.

프루타는 하고 싶은 거 마음껏 만들어야 하는 브랜드인데 말이죠.

수지   맞아요. 규모로 보면 페얼스보다 작은데 일은 훨씬 많아요. 아이템이 계속 나오고 그때마다 촬영도 해야 하고요.

대현   페얼스도 바쁘긴 하지만 템포가 느려요. 옷이나 양말을 한번 만들면 오랫동안 끌고 가는 편이에요.

그런데 왜 페얼스보다 프루타 직원이 적은가요?

수지   저는 직원을 채용하는 게 무섭고 어려워요. 사람에서 오는 스트레스가 상당하더라고요. 그런 경험을 몇 번 하고 나니 최소한의 인원을 유지하고 싶다는 생각이 커졌어요.

두 분은 채용 기준도 다를 것 같아요.

수지   저는 느낌으로 뽑고, 오빠는 전체적으로 고려하는 사항들이 많죠.

대현   아무래도 성실도를 많이 봐요. 함께 오래 일할 수 있는 친구인가, 별것 아닐 수 있지만 시간 약속을 잘 지키는가 등 꼼꼼하게 살펴봅니다.

수지   저는 그런 걸로는 뭐라고 할 자격이 안 돼요. 아르바이트하던 시절에 밥 먹듯이 지각을 했거든요.

두 분이 함께 하나의 브랜드를 운영할 때와 각자의 브랜드를 따로 또 같이 운영하는 게 많이 다를 것 같아요. 트러블도 현저히 줄었겠는데요.

대현   베니수아를 할 때는 트러블이 없을 수 없었죠. 브랜드를 처음 해보는 것이기도 했고요. 지금은 사업이 분리된 영향도 있지만 서로의 장단점을 명확하게 파악하고 있다는 게 크게 작용해요. 장점이 필요한 타이밍에 서로를 찾는 거죠.

10년이 넘었으니 그럴 만도 하네요. 동업하면서 연애와 결혼까지 했잖아요.

수지   연애하던 중에 오빠가 수제화를 하고 싶다고 했어요. 그런데 영 진도가 안 나가는 거예요. 답답한 마음에 직접 발품 팔아 돕다가 결국 합류하게 됐죠.

당시에 어떤 일을 했길래 선뜻 동업을 결정할 수 있었나요?

수지   아르바이트생이었어요. 전공으로 인테리어 디자인을 선택했는데 저와는 정말 다른 세계더군요. 제가 책상에 앉아서 도면을 치고 현장을 인솔하는 모습이 상상이나 가세요? 한 학기도 제대로 못 채운 채 문화복장학원文化服装学院을 가겠다고 일본으로 떠났어요. 어학을 하면서 1년 정도 지냈는데, 엔화 환율이 900원대에서 1,800원까지 치솟으면서 결국 돌아올 수밖에 없었어요. 그러던 중에 오빠를 만났죠.

대현   사석에서 처음 봤는데 네 번 정도 만났더니 집 앞에 찾아와서 사귀자고 하는 거예요.

수지   사귀자마자 결혼하고 싶다고도 했어요. 이상한 애라고 생각했을 거예요(웃음). 그런 말에 호응해 주지도, 그렇다고 거부하지도 않다가 6년쯤 만나던 시점에 처음으로 결혼하자는 말을 꺼내더라고요.

수지 대표님 추진력이 가히 우주급이군요.

수지   도대체 신발은 언제 만들 건지(웃음).

대현   완벽주의 성향이 있어요. 음악을 할 때도 취직을 돕겠다는 분들이 있었는데 저는 더 준비해야 한다는 생각이 주도적이었어요. 구두도 마찬가지였죠. 그러다 보니 시작은 못 한 채 시간만 가더라고요. 수지가 엔진 역할을 톡톡히 해주었어요. 여전히 그렇고요.

대현 대표님은 기준치가
높은 분인데 더 깊게 해보고
싶은 일이 있을 것 같아요.

대현   음악 쪽으로 펼쳐보지 못한 게 항상 아쉬웠어요. 지금
은 숍 안에 음반 몇 장 들여놓은 게 다인데, 나중에는 LP 바
같은 일을 해보고 싶어요. 더불어 빈티지 오디오 같은 제품을
더 공부하고 싶기도 하고요.

수지   하고 싶은 일은 항상 있어요. 하지만 제가 지금은 때가
아니라고 얘기해요. 한국의 일을 잘 만져놓고 하와이에서 자
리를 잡아야 해요. 정말 미국에 가고 싶어요.

오래 볼수록 어린아이 같은 사람들. 둘의 공통점이라고
한다면 순수함이 아닐까. 후암동 공간은 그들이 욕심보다
만족을, 불안보다 자유를 택했다는 사실을 여실히 보여주고
있었다. 시끌벅적한 옆 동네 마케팅 소음에 개의치 않고
무지개빛 버블처럼 가만가만 반짝이는 곳. 미제 도시락통과
손때 묻은 카세트테이프가 낭만과 향수를 한가득 머금고
있는 곳. 하늘색 체커보드 바닥의 타일이 몇 개인지 셀 수
있을 만큼 작은 평수 안에 사랑하는 모든 것을 담았다.

빈티지 의자에 나란히 앉아 꾸밈없는 이야기를 털어놓는
심수지와 김대현은 사업가이기 전에 몽상가였고,
소중한 것을 지킬 줄 아는 자기 자신의 영웅이었다.
마냥 미소 짓는 둘을 보고 있자니 어쩌면 꿈을 이루기 위해
살기보다 매일을 꿈처럼 사는 게 더 지혜로운 것 같다는
생각이 들었다.

많은 변화를 겪으면서
느낀 것들이 있을 것
같아요.

수지 좋아하면 포기할 수 없어요. 헬로키티와 협업을 진행하면서 많이 느꼈고, 저 자신에 대해서도 새삼 깨달은 부분이에요.

대현 아닌 건 아니라는 것도 배웠어요. 페얼스 역시 협업 제안이 많이 들어왔었는데, 진행 중에 끝낸 건들도 있었어요. 저는 특히 존중을 중요시하는데, 협업 과정에서 그 균형이 무너지면 미련 없이 프로젝트를 종료해요. 제안과 명령의 차이는 생각보다 크지 않아요. 거기서 끝이 아니라 잘못된 거라고 얘기하기도 해요. 기업 측에서는 이상한 사람이라고 생각할지도 몰라요. 그렇게 대응하는 브랜드가 많지 않거든요. 몇 번의 경험 끝에 페얼스에게 협업은 그다지 좋은 방향이 아니라는 걸 알게 됐어요.

매우 강단 있는
행동인데요. 브랜드의
입지를 생각하면 참는
경우가 허다할 텐데요.

대현 어차피 페얼스 로고의 아이덴티티가 강해서 타 브랜드의 그래픽과 잘 섞이기가 어려워요. 단독으로 진행하는 게 가장 좋더라고요.

하긴 마케팅을
적극적으로 하지
않았는데도 브랜드가
많이 성장했어요.

수지 좀 신기하기도 해요. 왜냐하면 저희는 데이터가 없거든요. 어느 유통망에서 무엇이 잘 팔리는지, 유입은 어떻게 되고 재구매율은 얼마인지, 심지어 매출도 모르는걸요. 그저 무엇을 어떻게 잘 만들지만 고민해요.

여러 가지로 놀라운데요.
굳이 마케팅을 안 하는
이유가 있나요?

수지   인스타그램이나 팝업 정도면 충분하다고 생각해요. 인플루언서 마케팅 같은 활동이 성격에 잘 안 맞기도 하고요. 저희는 협찬도 지극히 소극적으로 해서 시즌당 10명도 안 될 거예요. 그마저도 줄이고 있어요.

대현   애정을 담아 열심히 만들어서 보냈는데 안 입어주기라도 하면 상처받아요. 그런 기대를 하고 속상해하느니 안 하는 게 낫다고 생각했어요.

대현 대표님은 진짜 상처받을
것 같아요. 수지 대표님에게
상처받는 일은 없나요?

대현   일과 생활이 다르긴 하지만 서운할 때가 있죠. 저희 MBTI가 다르거든요.

대현 대표님이 F,
수지 대표님이 T군요.

대현   맞아요. 아파서 기침을 하면 괜찮냐고 묻는 게 아니라 물을 마시거나 옷을 더 입으라고 하죠.

수지   그게 실질적인 도움이 되잖아요. 특정 감정을 담아서 하는 말이 아니에요.

대현   그 말에 서운한 티를 내면 다툼이 시작되는 거예요. 항상 저의 사과로 끝나고요. 반면 일할 때는 그럴 일이 별로 없어요. 서로 언제 찾아야 할지 너무 잘 아니까요. 물론 수지는 집에서나 회사에서나 지저분해요. 컵도 안 치우고, 옷도 여기저기 널브러져 있고요. 하지만 워낙 엉뚱하고 창의적이기 때문에 직원들과 농담 반 진담 반으로 심수지는 천재라고 얘기해요. 천재인데 그 정도 헐렁함은 존중해야죠.

수지   취향이 워낙 비슷해서 부딪힐 일이 없어요. 빈티지숍에 가도 둘이 고르는 게 똑같아요. 그러니 제가 몰랐던 무엇을 오빠가 제안하면, 저도 관심을 가져보게 돼요.

178

**두 분이야 워낙
쌍둥이같이 잘 맞지만
동업에 중요한 것이
있다면 무엇일까요?**

대현   동업도 일종의 협업이잖아요. 역시 존중이 중요해요. 단점을 두고 싸우면 한발짝도 앞으로 나갈 수 없어요. 장점을 보는 눈을 기르고 서로의 그것을 잘 조합해서 굴러가야겠죠.

수지   얘기를 잘 들어주는 것도 중요해요. 아무리 취향이 비슷하다고 한들 구체적인 아이디어에 대한 생각은 다를 수 있거든요. 무조건 아니라고 하기 이전에 끝까지 말을 듣고, 그것을 내가 얼마나 따를 수 있을지 고민해야 해요.

**그럼에도 동업을 안 하고
싶다고 생각한 때가
있었을 텐데요.**

수지   사업체를 분리하니 간단하게 해결됐어요. 자기 브랜드에 대한 책임감도 있거니와 각자 하고 싶은 걸 제약 없이 할 수 있게 되었으니까요. 같이 일할 때는 눈치를 볼 일들이 있었어요. 저는 만드는 것 자체를 좋아해서 재료비가 많이 발생하거든요. 그때마다 결재받아야 하는 게 불편했죠.

**그건 동업 관계를 떠나서
브랜드 운영을 생각하면
아껴야 하는 지출 아닌가요?**

수지   마진 같은 건 별로 생각 안 해요. 샘플이 나오면 단가를 계산하는 게 아니라 수량을 정하고 그냥 만들어요.

하와이에 가서
생활하려면 비용이 꽤
들 텐데요.

대현   대단히 모아놓은 자본은 없지만 자신감은 있어요. 10
년 넘게 이런저런 브랜드를 만들어보니 이제 뭘 해도 잘 할
수 있겠다는 생각이 들어요. 하와이 매장도 오픈하자마자 이
목을 끌 거예요. 어떤 전략이 있는 건 아니지만 그동안 수없
이 보고 느끼고 경험한 것들을 토대로 지어 올리는 것이기에
틀리지 않을 거예요.

수지   앞으로도 데이터를 모으거나 사업적으로 대단한 부
를 취하는 일은 어렵겠지만 재미있게 오래 하는 걸로는 1등
할 자신 있어요.

저 또한 즉흥적이고
추진력이 강한 타입이라
이런 이야기를 들으면
속이 후련해져요. 요즘
브랜딩이나 마케팅 전략에
대한 조언들이 홍수를
이루고 있잖아요.

수지   한동안은 이런 이야기를 하면 가벼워 보이지 않을까
머뭇거리기도 했는데, 이제는 당당하게 말할 수 있어요. 이렇
게 해도 충분히 잘할 수 있다고요.

성공에 대한 기준이 명확한 것도 한몫하고요.

수지   좋아하는 걸 해야 버틸 수 있고 오래 할 수 있어요. 원론적인 얘기지만 진리예요.

대현   저는 하와이에서 작은 선물 포장 가게를 하는 할아버지가 되고 싶어요. 선물 포장을 하면 그렇게 마음이 편해지더라고요.

김대현 할아버지의 모습을 상상하니 기분이 좋네요. 그 꿈 꼭 이루길 바라요. 아니, 금방 이룰 것 같아요.

수지   오빠가 점점 40대 중반으로 가면서 나이 들었다고 쓸쓸해하더라고요. 하지만 인생을 80까지 보면 이제야 1분기가 끝난 거예요. 마흔부터는 0살이에요. 올해 오빠가 마흔둘이라, 두 살 됐다고 얘기해줬어요. 고작 반 살면서 이렇게나 많은 경험을 했는데 재미있는 일들이 더 많이 기다리고 있을 거라고요.

BRAND INFO

HOMEPAGE: fruta-shop.com / pairs-shop.com

INSTAGRAM: @fruta_official / @pairs.shop

심수지의 이야기를 듣고 있으면 어쩐지 눈물이 날 것만 같다.
끝없는 질주 중 잠시 눈길을 옮긴 자리에 가만히 펴 있는 노란
들꽃 한 송이 같달까. 어딘지도 모를 그곳에 빨리 도착하기 위해
손 닿을 곁에 분명히 존재하는 소중한 장면들을 놓치고 싶지는
않다. 80 인생을 돌아봤을 때 가장 뚜렷하게 남는 것은 어떤
꽃들이 뒤엉켜 있는지도 모를 화려하고 거대한 꽃다발 세례가
아니라 숨을 고르면서 어루만졌던 연약한 이파리일 것이다.

데칼코마니 같은 두 사람이 아니었다면 페얼스는 탄생하지
않았을지도, 그리고 프루타는 금방 사라졌을지도 모르겠다.
같은 색과 모양이 완전히 반대로 찍혀 있는 듯한 김대현과
심수지. 각자의 팔에 새긴 하와이 모티프의 타투에서도, 나란히
태운 살갗과 부드럽고 뾰족한 눈빛에서도 공통점과 차이점이
꾸준히 풍겼다. 소울메이트를 만나는 건 일생의 축복이겠지.
하와이에서 펼치게 될 그들의 환상적인 현실에 부러운 마음을
감추지 않았다. 머지않은 미래에 하와이에 가서 하늘색 타일
바닥과 작은 선물 포장 가게를 찾으리. 분명 그곳에서 불안과
욕심을 묶어둘 순간들을 만나게 될 것이다.

젬앤페블스

About

타임리스하면서도 영역을 넘나드는 디자인 및 퀄리티의 주얼리 브랜드.
보편적인 카테고리로 분류되지 않고자 하며
유색 원석, 골드와 실버의 믹스,
독자적인 체인 개발 등으로 다양한 연령대를 소화한다.

쳐 진민아, 우 진선혜

내 보석함을 열어보면 실버보다는 골드가 월등히 눈에 많이
띈다. 피부 톤과 잘 맞는다는 점도 있지만, 물건 관리에 소질이
없는 탓에 은 제품은 변색되기 쉽다는 이유로 결정적인 순간에
선택받지 못하는 것이었다. 엄마의 옷장을 뒤져서 집어 온
남미 스타일 금귀걸이와 온라인 쇼핑몰에서 쿠폰으로 득템한
진주 목걸이 사이에는 젬앤페블스 쇼룸에서 하나하나 껴보고
고심 끝에 구매한 원석 반지와 목걸이가 비닐봉지에 밀봉되어
가지런히 보관되어 있다.

젬앤페블스의 전선혜, 전민아 자매를 인터뷰라는 취지로 만난
것은 두 번째로, 그 첫 번째는 8년 전 한남동의 쇼룸에서였다.
성인 한 명이 자기 몸의 부피를 의식하면서 조심스럽게
지나가야 할 정도의 폭을 차지했던 쇼룸 뒤켠에는 작은
작업장이 버젓이 딸려 있었다. 어딘가 비현실적인 너비의
공간은 유럽 여행 중 우연히 발견한 앤틱 상점 같은 분위기를
자아내기도 했다. 두 여자는 그들의 손끝에서 태어난 주얼리를
하나하나 매만지고 보여주었다.

그 사이 젬앤페블스는 조금 더 넓은 쇼룸으로 이사했고,
직원도 채용했으며, 전선혜에게는 두 명의 자녀가 생겼다.
이 모든 변화만큼이나 주얼리의 구성도 함께 변화했다.
이제는 어린아이들의 손목에서도 이름과 전화번호가 각인된
젬앤페블스 팔찌를 볼 수 있다. 다만 달라지지 않은 것은 8년
전만큼이나 소중하게 주얼리를 만지고 이야기하는 두 사람의
눈빛과 목소리였다.

전선혜 젬앤페블스 대표 및 디자이너, 이하 선혜
전민아 젬앤페블스 경영 및 마케팅, 이하 민아

186

젬앤페블스 하면 뭐니
뭐니 해도 유색 원석이죠.

민아　예전에는 유색 보석이라 하면 예물이라는 인식이 컸
어요. 그런데 저희가 일상에서 캐주얼하게 착용하는 모습을
자주 보여드리면서 원석 주얼리에 대한 시선이 많이 편해진
것이 느껴져요.

원석이라는 재료
때문인지 한정 수량인
아이템이 많이 보여요.
실제로 단 하나의 피스만
판매할 때도 있잖아요.
이 정도의 소량 생산은
너무 번거로운 일
아닌가요?

선혜　마음에 드는 원석이 몇 개 들어왔는데 모두 색이 다
를 때가 있어요. 그러면 세상에 딱 하나밖에 없는 반지를 다
섯 개만 만드는 거예요. 어쩔 수 없이 선착순으로 판매가 되
죠. 번거로운 것은 사실이지만 그만큼 재미있어요. 원석에도
종류가 많지만 젬앤페블스에서 유독 투명한 종류를 다루는
이유는, 투명도가 높은 원석 안에서만 나오는 컬러 레인지
(색상의 폭)가 있기 때문이에요. 하나하나의 가치와 매력이 더
욱 돋보이죠.

하나하나가 개별적인
피스인 만큼 어려움도
있겠어요.

민아　아무래도 판매와 소통의 난도가 높아요. 원석이란 기
본적으로 자연물이라 긴 세월에 걸쳐 만들어지는 동안 흔적
이 남을 수밖에 없어요. 같은 종류여도 무늬가 다르고, 내포
물이 있기도 하고요. 고객들은 그 사실을 인지하면서도 자기
것만큼은 완벽하길 바라죠. 그 섭리를 설명하고 설득하는 게
저의 큰 숙제이자 역할이에요.

문득 다이아몬드보다
더 까다롭다는 생각이
드네요.

선혜　다이아몬드는 쉬워요. 등급대로 분류되어 있고 합의
된 기준이 명확하니까요.

원석은 어떤 경로로 구하나요? 식당에서 새벽 시장에 나가듯, 좋은 재료를 선점하는 게 중요할 것 같아요.

선혜 주로 해외 바이어들과 교류해요. 저는 그들 입장에서 반가운 클라이언트가 아니에요. 대규모 생산 업자들은 대량으로 구입해서 불량을 걸러내는데 저는 하나하나 꼼꼼히 살펴보고 골라 담거든요. 돈벌이가 되는 고객이 아닌 거죠. 그렇게 해서 어떻게 장사하냐고 걱정의 눈빛을 보내다가도, 결국에는 그래요. 젬앤페블스 고객들은 참 좋겠다고.

선혜 대표님이 원석을 고르는 기준이 있나요?

선혜 깨끗하기만 한 돌을 고르는 것은 아니에요. 색상뿐 아니라 원석 고유의 느낌을 극대화시킬 수 있는 자연스러움이 중요하죠.

초기에는 앤틱 실버 류의 러프한 스타일이 많았는데, 아프리카 컨셉으로 매우 이국적인 컬렉션도 나왔다가, 최근에는 다소 여성스러워진 것 같아요. 대표님의 취향이 변하는 건가요? 아니면 경영 측면에서의 시도들인가요?

선혜 안 해봤던 것에 도전하는 쪽이에요. 주얼리를 단순하게 분류하면 파인 주얼리, 컨템포러리 주얼리, 앤틱 주얼리 등으로 나눌 수 있는데, 우리는 어디에도 속하지 않아요. 무엇으로 분류되기보다는 상반되는 영역 사이에서 다리 역할을 하고 싶어요. 자신의 취향을 아는 것도 중요하지만 '나는 뭐가 어울려.'라고 단정하는 것도 일종의 고정관념일 수 있거든요. 그 중간 역할을 염두에 두고 작업하다 보니 골드와 실버의 믹스가 많고, 그게 어느새 우리의 시그니처가 되었더라고요.
민아 더불어 세대 사이의 다리 역할도 하고 있다고 생각해요. 젬앤페블스는 젊을 때 사서 나이가 들어도 계속 우아하게 착용할 수 있다는 걸 보여주고 싶어요.

그 마음이 전해진 걸까요, 젬앤페블스 주얼리를 소비할 때는 투자한다는 기분이 들어요. 소모되지 않는 거죠. 정말 오래 소장할 거라는 확신이 있고, 그래서 당장은 부담이 있더라도 금으로 제작하고 싶어요.

값비싼 재료가 곧 높은 가치를 보장해 주는 것은 아니죠. 하지만 같은 은반지라도 젬앤페블스의 제품은 어딘가 타임리스한 느낌을 주는데요, 어떤 요소 때문일까요?

그래도 계속해서 창작을 하려면 일종의 인풋이 필요하지 않나요?

민아   오래 간직하기에는 금의 장점이 많지만, 도금이 살짝 벗겨진 은 주얼리의 빈티지한 느낌도 멋스러워요. 관리의 명목으로 꼭 금을 고집할 필요는 없다고 말씀드리고 싶어요.

선혜   굳이 브랜드의 포지셔닝을 말하자면 처음부터 하이엔드 주얼리라고 생각했어요. 반드시 금이나 비싼 보석으로 만들어야 하는 것이 아니에요. 어떤 철학으로 작업을 했고, 어떤 시간과 공을 들였느냐에 따라 가치가 달라지죠.

선혜   '타임리스'하다는 느낌이 반드시 베이직이나 클래식과 동일한 것은 아니에요. 아마도 제가 어떤 시류를 의식하기보다 온전히 제 머릿속을 그려내는 데에 집중하는 것이 그렇게 느껴질 수 있겠네요. 고집스럽게 트렌드를 거부하는 것은 아니지만 트렌드를 좇는 것이 결국 뒤쳐지는 길이라는 생각은 있어요.

선혜   제 삶의 경험과 패턴에 근거해서 만들어요. 무엇이든 될 수 있어요. '리듬' 컬렉션의 경우 임신과 출산을 겪으면서 나온 아이디어였어요. 태동을 느끼면서 받았던 영감, 또는 아이와 함께 형성하는 생명의 사이클에 대한 철학이 담겨 있어요. 우리의 삶에는 언제나 리듬이 존재한다는 것을 깨달았거든요.

선혜　꾸준히 안온하게 가고자 하는 의지도 있지만 그보다 중요한 건 자유로움이에요. 어디에 속해 있지 않기 때문에 누릴 수 있는 귀한 가치죠.

민아　지나치게 트렌드를 좇다가 금방 시들해지거나 방향성이 흔들리는 브랜드를 많이 봤어요. 우리 고객들 역시 자신의 색깔이 강한 분들이 많아요. 유명 인물이 착용했다고 더 좋아하지도 않죠. 신기하게도 우리가 가고자 하는 방향과 고객님들의 결이 비슷하다는 느낌을 자주 받아요.

민아　지난 연말에 답례하려고 고객 리스트를 추려봤는데 오래된 인연이 정말 많더라고요. 젊을 때 혼자 왔다가 남자친구와 커플링도 하고, 그러다 예물을 맞추고, 어느새 아이를 낳고 미아 방지 팔찌를 만들러 오는 사례가 한둘이 아니에요.

선혜　딸들이 어머님을 모셔 오는 경우도 많아요. 의도한 것은 아니었지만, 친정 엄마가 인스타그램 계정에 자주 등장하면서 엄마와 딸의 관계가 자연스럽게 하나의 브랜드 스토리로 자리 잡았어요.

민아　어떤 분이 저희가 올린 사진 그대로 어머님께 선물하고 싶다고 하시는 걸 보고 정말 감동했어요(젬앤페블스의 또 다른 시그니처는 '레이어드'로, 한 장면에 들어 있는 주얼리의 수가 상당하다). 보통은 본인의 욕구가 먼저잖아요. 그런 장면을 목격할 때마다 이 일을 하고 있다는 사실이 보람차요.

젬앤페블스의 SNS 계정을 지켜보고 있으면 이 브랜드는 절대
전선혜나 전민아만의 것이 아님을 알 수 있다. 제3의 인물,
친정엄마가 차지하는 비중이 상당히 높다. 전선혜의 육아를
도우면서 함께 보내는 시간이 늘어났고, 세월이 느껴지는
목이나 손가락에 착용한 목걸이, 팔찌, 반지 사진들이 공유되기
시작했다. 설거지와 빨래에 치여 무엇 하나 몸에 걸치는 것을
거추장스러워하는 우리네 엄마들과는 사뭇 다른 모습.
아침에 일어나 그 날의 주얼리를 고르며 반짝이는 당신의 일상을
챙기는 어머님의 표정을 상상하면 어쩐지 한결 마음이 놓인다.

**어머님께서 주얼리를 즐겨
하시더라고요.**

선혜　부모님이 두 분 다 패션에 관심이 많아서, 어릴 때 가족
여행을 갈 때도 꽤 멋을 부리셨던 것으로 기억해요.

민아　엄마의 보석함이 있었는데 우리끼리 주얼리를 껴보면
서 놀았어요. 다만 저보다는 선혜 대표님이 유난히 좋아했죠.

선혜　젬앤페블스를 삶의 업으로 삼고 있는 게 마치 운명 같
아요. 어렸을 때 엄마가 수입 상가에 데려가서 인도산 은팔찌
를 사주셨어요. 그 팔찌에 새겨져 있던 문양과 체인의 형태까
지 모두 기억이 나요. 평생 간직해야겠다고 다짐했던 마음도
요. 뭘 쉽게 사주는 분이 아니었는데 선뜻 쥐여주신 걸 보면
제 관심사를 일찍이 눈치채셨던 것 같아요.

세 분이 함께 있는 모습을 보면 어딘가 비슷한 뉘앙스가 풍겨요. 성장 과정에서 집안 특유의 문화가 있었겠구나 싶고요.

선혜　엄마는 스스로 추구하는 아름다움에 대한 철학이 명확한 분이고, 예술 분야에 있어서 두루두루 관심이 있었던 것 같아요. 집에 모딜리아니Modigliani 그림이 걸려 있기도 했어요.

부잣집이었군요!

선혜　그렇지도 않아요. 그림은 진품이 아니었어요. 그럼에도 엄마는 작은 항아리 하나도 살뜰히 챙기는 등 당신이 좋아하는 것들을 놓지 않았어요. 일과 육아 사이에서 고단한 시간을 보냈을 텐데도 자기만의 미美를 좇는 가치관을 지켜낸 거죠. 그런 엄마를 닮고 싶다는 마음이 있는 게 아닐까 해요.

어머님께 첫 젬앤페블스 피스를 드렸던 날이 기억나나요?

선혜　도예 전공이다 보니 흙의 질감을 표현하는 것으로 작업을 시작했어요. 표면이 거친 은팔찌였는데, 사실 엄마의 연령대에서 선호할 만한 스타일은 아니었어요. 그런데 항상 끼고 다니시더라고요. 어느새 거칠어진 엄마의 손과도 잘 어울렸고요. 그때부터 제 작업을 믿어주신 것 같아요. 그 신뢰가 저에게도 큰 힘이 되었죠. 이제 엄마는 젬앤페블스가 없으면 안 돼요. 모임에 나갈 때 아무리 차려입어도 주얼리를 안 하면 평범하게 느껴진대요. 그런데 그건 저희도 마찬가지예요. 씻기 위해 주얼리를 다 빼면 그 허전함을 말로 표현할 수가 없어요. 이제는 정말 몸의 일부분이 된 것 같아요.

민아　적어도 자신에게만큼은 특별한 존재가 되고 싶잖아요. 주얼리는 작은 비중으로 내 존재를 반짝이게 해주는 아이템이죠.

하긴 장신구는
역사적으로도 권력의
상징이었고, 무시할 수
없는 힘을 발휘할 수 있죠.

민아 그래서 고객님들께도 말씀드려요. 입문용이라고 해서 너무 가늘거나 무난한 선택을 하시기보다는 평소에 좋아하는 것, 스스로 추구하는 것, 단 하나를 지니더라도 강하게 끌리는 걸 선택하라고요.

저의 첫 젬앤페블스도
그렇게 무난한 선택은
아니었던 기억이 납니다.
그런데 대표님은
도자기를 공부하고
주얼리를 만들었네요.

선혜 예고에 진학했는데 친구들이 너무 뛰어난 거예요. 그 때부터 그림에 대한 흥미를 잃었어요. 그 안에서 저의 장점이라고 찾은 것이 감각이었는데, 그렇다고 정확성을 요구하는 디자인도 제 성향과는 거리가 멀었어요. 선생님은 손재주가 좋다며 도예를 추천하셨고 그렇게 도예과에 입학했는데 안타깝게도 흙이라는 물성이 저와 합이 안 좋았어요. 흙만 만지면 몸이 차가워졌으니까요. 그 느낌이 지금도 생생해요. 학사 경고를 받으면서까지 내 길이 아니라는 사실을 대학 생활 4년에 걸쳐서 깨달아야 했어요. 나에게 맞는 게 무엇인지 치열하게 고민해야 했고, 그 끝에 졸업 작품으로 세라믹 주얼리를 선보였어요. 그제서야 장신구라는 것을 만들어보기 시작한 거예요.

지난한 과정을 거쳤지만,
금속 공예를 전공했으면
지금의 젬앤페블스가 아닐
거라는 생각도 들어요.
자신의 길을 한번에
찾아내는 사람은 별로
없죠.

민아 대표님의 이야기를 듣고 진로 상담을 해오는 분들이 종종 있어요.

선혜 한 어머님이 찾아오셨어요. 딸이 예고 진학을 못 해서 속상해하시더라고요. 아티스트로 가는 첫걸음을 못 뗀 것 마냥. 그래서 너무 실망하지 마시라고 말씀드렸어요. 예고에서 오히려 창의의 폭이 좁아질 수도 있다고요. 인문계에서 다양한 관심사를 가진 친구들과 교류하는 것도 큰 이득이거든요. 어머님이 굉장히 후련해하셨던 기억이 있어요.

민아 실장님은
경영을 공부했는데,
결과적으로는 전공을
살린 삶을 살고 있네요.
언니의 사업에 어떻게
합류하게 되었나요?

어떤 회사에 다니고
있었나요?

민아　경영은 사실상 둘이 같이 하고 있고, 제 역할은 마케팅에 가까워요. 실무는 물론이고요. 젬앤페블스의 일원이 되기 전까지는 모범생 루트를 걷고 있었어요. 예술 업계에서 일하게 되리라고는 상상도 못 했고, 언니와의 동업은 더욱 먼 얘기였죠. 그런데 이직을 앞두고 있던 차에 합류하게 되었어요.

민아　첫 직장은 정부 산하 기관이었고, 두 번째는 현대자동차에서 일본의 최신 기술과 동향을 수집하고 번역해서 기사를 쓰는 일을 맡았어요. 일본 문학을 좋아해서 부전공으로 들었거든요. 하루하루가 틀로 찍어낸 듯 똑같았지만, 저는 그것도 충분히 재미있었어요. 그런데 언니가 젬앤페블스를 같이 하자고 하는 거예요.

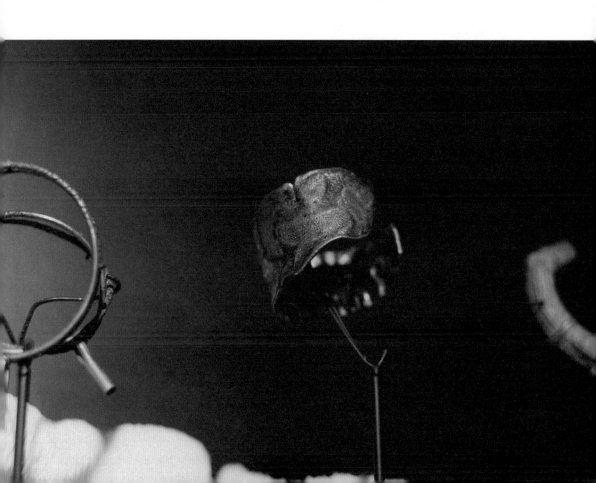

대기업의 길을 가고 있는
동생을 끌어들이는 것이
쉽지 않았을 것 같은데요?

선혜 리스크가 컸죠. 심지어 동생의 자취방에 얹혀살고 있
을 때였어요. 작업을 시작한 지 4~5년 정도 됐지만 그렇다 할
수입이 있지도 않았거든요. 그럼에도 저는 확신이 있었어요.

민아 어릴 때부터 지켜봤지만, 어떻게 저렇게까지 안정적
일까 궁금할 정도예요. 동생 집에 살면서 몇 년째 작업만 하
면 눈치가 보일 수도 있잖아요. 하지만 얼마나 온화해 보이
는지 몰라요.

선혜 돈이 없어서 힘들긴 했지만 정신적으로는 힘들지 않
았어요.

돈이 없으면
정신적으로도 힘들지
않나요?

선혜 전혀요. 왜냐하면 드디어 회사를 그만두고 좋아하는
일을 하고 있었거든요.

아, 그렇죠. 뭔가에 제대로
홀린 듯한 느낌.

선혜 새벽에 음악 틀어놓고 작업하면서 제정신이 아닌 사
람처럼 살았어요. 저의 색에 엄청나게 취해 있던 것 같아요.
그때는 실험적인 작업을 많이 했어요. 전선을 이용하거나 스
카프로 팔찌를 만드는 등 지금의 젬앤페블스에서 볼 수 없는
것들이 많았죠.

민아 퇴근하고 귀가할 때마다 깜짝깜짝 놀라곤 했어요. 온
갖 장신구를 걸치고 파란 립스틱을 바르고 있다니까요. 출근
해야 하는데 언니가 자고 있으니 불도 못 켜고, 작업하다 떨
어뜨린 부품을 밟으면 짜증이 나기도 했죠. 그런데 대표님은
한 치의 의심도 없어 보였어요. 그런 자신감과 안정감을 평생
봐왔기 때문에 저도 두려움 없이 손잡았어요.

정말 자매니까 가능했던
일 같아요. 그때부터 어떤
역할을 맡았나요?

민아 그야말로 실무죠. 아침에 청소를 하고 숍을 여는 것부터 시작해서, 둘이 치열하게 닥치는 대로 일했어요.

사실상 브랜드의
아이덴티티를 고민한
겨를도 없었을 것 같아요.

선혜 그건 이미 제 머릿속에 있었으니까요. 그리고 당시에는 브랜드를 만든다는 생각보다 제가 좋아하는 걸 하고 싶다는 의지가 더 강했어요. 작업 외의 것들을 챙길 새가 없으니 믿고 따라와 주면서 실무를 전담할 사람이 필요했던 거죠.

어떻게 보면 좀
뻔뻔하네요. 대범하기도
하고요. 둘이 챙길만한
수익이 났나요?

민아 월급제였고 최저시급 정도를 받았지만 저 또한 이윤을 최우선으로 추구하는 성격이 아니라서요. 매일 예쁜 물건을 보면서 새로운 일을 경험하는 삶이 신선했어요. 돌이켜 보면 둘 다 꽤 호기로웠던 것 같아요.

민아 실장님도
젬앤페블스를 통해
몰랐던 자신을 발견할 수
있었군요.

선혜　제가 크리에이티브를 맡고 있지만 가끔은 민아가 더 예술적인 쪽이라고 여겨져요. 몰입력이 강하고, 어릴 때부터 독서광이었는데 역시나 상상력과 창의력이 뛰어나요. 그러한 장점이 브랜드 스토리텔링에 고스란히 담기죠.

민아　젬앤페블스를 함께하면서 스스로 역량을 발전시키기도 했어요. 대표님이 글을 쓰라고 한 적은 한번도 없었거든요. 직원들에게도 얘기해요. 밑바탕을 깔아줄 수는 있지만 위에 무엇을 지을지는 본인이 선택하고 노력해야 한다고요.

실장님의 글에는
뼈가 있어요. 글이
인스타그램에만 머무는 게
아깝진 않나요?

민아　그렇지 않아도 젬앤페블스 홈페이지에 'Open Book'이라는 코너를 만들어서 글을 모으고 있어요. 책은 안 쓰냐고 묻는 사람들이 있는데, 작가가 되고자 하는 목적은 없어요. 다시 말하면 무엇을 이루기 위해 브랜드를 이용하지 않는다는 거예요. 간혹 언니 밑에서 나와서 저만의 것을 해보라는 얘기도 듣는데, 저는 젬앤페블스에서 중요한 역할을 맡고 있고 그것으로 충분히 가치 있다고 생각하거든요. 관점이란 참으로 제각각인 것 같아요.

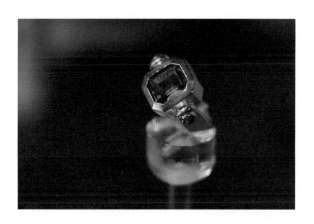

밴드에서 대체로 보컬이 주목받는 현상과 비슷하네요. 하지만 보컬 혼자서는 밴드를 이룰 수 없죠. 민아 실장님 없이는 지금의 젬앤페블스도 없고요. 타이틀과는 무관하게 실장님만의 삶을 살고 있잖아요.

솔직히, 주목받고 싶다는 욕심이 약간은 생길만도 한데 두 분의 관계가 참 조화롭다는 생각이 듭니다. 시너지도 훌륭하고요. 개인적으로 소장하고 있는 젬앤페블스 주얼리 중 '클로드 링'을 가장 아끼는데 실장님이 대표님께 의뢰한 피스죠.

민아   맞아요. 회식 자리마다 "스물다섯 살 먹었으면 시집 가야지." 하는 세계에 있다가 진정 나일 수 있는 곳에서 나의 일을 하고 있는데 말이에요. 특히 한국에서는 앞장서는 것을 더 멋지게 여기는 것 같아요. 소신 있게 살기 위해서는 휩쓸 리지 않는 힘이 필요하고, 이건 개인뿐 아니라 브랜드 차원에 서도 마찬가지예요.

민아   마음이 힘든 때가 있었는데 그것조차 주얼리로 승화시 켰네요. 화가 클로드 모네Claude Monet에서 따온 이름인데 사 실 모네를 특별히 좋아하진 않았어요. 그런데 파리 출장을 갔 다가 미술관에서 마주한 모네의 그림이 지친 마음을 다독여 주는 거예요. 모네 작품 특유의 초록빛이 참 온화했어요. 그 치유의 컬러를 담은 원석 주얼리를 만들어달라고 부탁했죠.
선혜   저희는 추상적으로 소통해요. 정확한 컬러와 형태가 아니라, 경험과 느낌에 대해 대화를 나누죠. 그러면서 서로 생각하는 지점을 좁혀 나가요.
민아   결국 프레나이트Prehnite라는 옥빛 원석을 적용해서 볼 드하면서도 둥글게 감싸주는 곡선 형태로 완성되었어요. 기 대했던 이미지를 잘 살려준 제품이라 저도 무척 아낀답니다.

클로드 링은 14k 금으로 제작하고 검지에 낄 수 있도록 살짝 큰 사이즈로 주문했다. 그 반지를 끼고 있는 할머니가 된 나의 모습이 너무나도 선명하게 상상되었기 때문이다. 무엇에도 편승하지 않기에 세월의 흐름도 타지 않는, 독립된 개체로서 존재하는 것. 전선혜의 자신감과 안정감도 그 독립성에서 비롯된 것이 아닐까 짐작해 본다.

얼마 전에 완공한 그의 집에서도 비슷한 기류가 느껴졌다. 절대 흔하지 않은 동선과 형태에서는 대담함이 엿보인다. 벽돌을 쌓아올린 둥근 거실, 높은 벽을 온전히 차지한 거대한 유리창, 반투명한 초록 문을 살짝 밀어서 열면 뜨는 해를 가장 먼저 마주할 수 있는 딸의 루프탑 작은 방. 견과류와 요거트를 내주는 식탁에는 어느 공방에서 사온 듯한 찻잔과 나무 스푼과 디자인숍에서 본 유리컵이 어우러졌다. 휴대폰 속에서 자주 마주하는 인테리어가 아니라는 사실만으로 얻어지는 해방감이라니. 젬앤페블스에서 느껴지는 감각도 그런 것이 아닐까. 내가 좋아하는 것을 자랑스러워하는 것. 그리고 그것이 쉽게 흔들리지 않을 거라는 믿음.

민아 실장님이 일어로
소통을 원활하게
한다고요. 해외 고객도
많을 것 같아요.

민아 실제로 일본 고객이 많아요. 딱히 홍보를 한 적이 없는데, 젬앤페블스에서는 일본어 상담이 가능하다는 입소문이 퍼진 것 같아요. 주얼리는 특히 세심한 상담이 필요하거든요.

선혜 예전에 일본에 진출하려다가 무산된 적이 있어요. 이세탄 백화점(일본의 상징적인 백화점이다)에서 팝업 제안을 받고 공간을 보러 갔는데 기대한 그림이 아니었어요. 다음을 기약하겠다고 하니 의아해하더라고요. 누구나 꿈꿀 법한 기회였거든요.

**대단하네요. 저라면
무리해서라도 했을 것
같아요.**

민아 마음에 들지 않는데 급하게 달려들고 싶지 않았어요. 어쨌든 일본 바이어들이 젬앤페블스를 예의 주시하고 있었던 것은 사실이니까요. 열심히 하고 있으면 또 기회가 올 거예요.

선혜 눈앞의 작은 이익을 추구하기보다는 진심으로 지향하는 곳을 향해 장기적인 레이스를 달려야 해요. 우리나라는 기본적으로 새로움과 변화를 좋아해요. 그게 많은 이에게 압박으로 다가가죠. 하지만 다양한 시도를 하고 규모를 키우는 것보다 깊게 몰두하고 색깔을 잃지 않는 게 더 어려워요.

**확신을 갖는 것은
대표님의 낙천적인
성격도 한몫하지만,
브랜드를 이끌어온
시간의 힘일까요?**

선혜 올해로써 14년 차인데 대단한 성과도, 견딜 수 없을 만한 풍파도 없었어요. 티 나지 않을 정도로 조금씩 상승하고 있죠. 그게 바로 대기만성의 길이라고 생각해요. 다만 그 대기만성이라는 것이, 화려하게 대박이 터지는 게 아니라 우리가 쌓아온 걸 좋은 입지에서 확실하게 보여줄 수 있는 상태를 뜻해요.

민아　3년 전쯤 젬앤페블스를 인수하고 싶다는 기업이 있었
는데, 감사한 제안 정도로 받아들이고 거절했죠. 주인이 바뀌
면 브랜드 색이 바뀌고, 그러면 브랜드를 키워준 고객들이 다
떠나갈 거라 생각했어요.

**정말 조금의 유혹도
없었나요?**

민아　제시 금액에 대해서는 호기심이 일었어요. 외부에서
우리 브랜드의 가치를 어느 정도로 보는지 궁금했지만 그런
내용을 공유할 정도까지 교류가 이어지지 않았어요. 정말 바
로 거절했거든요.

선혜　그렇게 얻은 자본으로 새 브랜드를 만들 수도 있겠죠.
그런데 젬앤페블스를 시작할 때 쏟아부은 열정이 있잖아요.
밭을 일구고 씨앗을 뿌리고 물을 주고 수확하는 과정을 10년
넘게 해왔는데, 처음의 마음 그대로는 다시 못 할 것 같아요.
아무것도 모를 때 느낀 설렘과 재미를 만들어낼 수는 없어요.
풋풋하고 간절한 마음으로 만든 것들이 층층이 쌓였을 때 비
로소 전달되는 무엇이 있다고 생각해요.

**젬앤페블스의 가치에
비해 가격대는 합리적인
편이라고 생각해요. 요즘
해외 디자이너 주얼리
브랜드를 보면 가격이
놀랍더라고요.**

민아　물론 상품과 브랜드의 퀄리티도 좋지만, 이미지 메이
킹이 크죠. 온라인에서 보여지는 이미지로 상당 부분 소통하
는 시대잖아요. 결국 소비자의 선택이에요. 가성비 외의 가치
에 투자하는 소비자가 월등히 많아졌어요.

젬앤페블스도 충분히
그 대열에 합류할 수 있을
텐데, 지금의 포지션을
유지하는 이유가 있나요?

선혜 민아가 못 올리게 해요.

민아 저는 쇼룸에서 고객들과 일대일로 마주하는 시간이 많
아요. 주얼리를 착용해 보고 너무 즐거워하시면서도 무엇 때
문에 구매를 주저하는지 눈에 훤히 보여요. 저희는 레이어드
연출도 적극적으로 권유하고 있는데 가격이 너무 높으면 진
입하기 어렵죠. 젬앤페블스를 젊을 때부터 경험하게 해주고
싶어요. 가격 때문에 포기하는 브랜드가 되고 싶진 않아요.

그런데 온라인으로
피력하려면 눈에 띄도록
작업해야겠다는 필요성을
느끼진 않나요? 조금
화려한 선택을 한다든가
하는 일 등이요.

선혜 누군가는 유색 보석을 보고 화려하다고 생각할 수도
있지만, 저는 화려함을 추구하지 않아요. 그보다는 사람에게
어떻게 녹아들고 융화될 수 있을지를 고민해요. 매일 여러 가
지 주얼리를 한꺼번에 착용해도 그게 사람을 넘어선다는 느
낌을 주진 않아요. 하나하나 뜯어보면 무난하지 않지만, 한데
어우러져서 고유한 정체성으로 보여지죠. 스스로 얼마나 자
연스러운 사람인가도 중요한 것 같아요.

민아 언니는 색깔이 뚜렷한 걸 좋아해요. 색깔이 뚜렷한 게
곧 강하고 요란한 것은 아니죠.

평생의 일을 차곡차곡
쌓아가고 있다는 느낌이
참 좋아요.

선혜 정말 그래요. 일상을 살듯이 브랜드를 지켜나가고 싶
어요. 아티스트란 자고로 늘 꿈을 꾸어야 한다고 생각해요.
자본주의 사회의 시선에서는 다소 순진해 보일지 모르지만
순수한 면도 지켜져야 하고요.

민아 대표님이 그런 면에서는 참 잘하고 있어요. 항상 꿈을
꾸더라고요. 가끔 제가 제지할 때도 있지만요.

어떤 꿈이길래요?

민아　파리 진출이요. 언젠가는 할 수 있다고 믿지만 가까운 나라부터 차근차근 도전하는 게 맞다고 생각해요. 파리는 해외 시장에 제대로 진입했다기보다 이미지를 만드는 일에 가깝죠.

선혜　육아를 하는 사람이기에 더욱 꿈을 지키려고 노력해요. 엄마가 자녀의 꿈에 편승하기는 정말 쉽거든요. 아이들의 꿈을 꾸는 것 자체는 즐겁지만, 그로 인해 제 꿈이 희석되고 아이에게 기대를 걸고 싶진 않아요. 엄마 스스로 꿈을 꾸고 그걸 실현하는 모습을 보여주는 게 산 교육 아닐까요? 그러면 아이들에게 꿈을 가지라고 누누이 얘기하지 않아도 될 것 같아요.

안 그래도 딸 모아가 주얼리 욕심이 많은 것 같더라고요.

선혜　저의 주얼리를 보면서 나중에 물려줄 거냐고 물어요. 역시 무엇을 접하고 자라는가를 무시할 수 없어요.

정말 감동적인 포인트는, 두 분의 삶이 브랜드에 그대로 녹아들고 그게 고객들의 삶에 다시 스며든다는 점이에요. 모아를 낳지 않았다면 미아 방지 팔찌를 만들 일이 없잖아요.

민아　맞아요. 처녀 때부터 알던 고객님이 미아 방지 팔찌까지 하러 오면, 감사한 마음이 감동으로 몰려와요. 10년이든 20년이든 언제라도 찾아오면 그 자리에 있는 브랜드이고 싶어요.

비단 주얼리나 브랜드만의 메시지가 아니다. 전선혜와 전민아는
언제 만나도 엊그제 본 것 같다. 그때 그대로의 짧거나 긴 머리칼,
언제나 편하고 수수한 빈티지 느낌의 옷차림, 표정이나 말투도
모두 한결같다. 사람이 브랜드이고 브랜드가 사람이다. 그래서
제작자도 소비자도, 한 치의 의구심이 생기지 않는 것이다.

다양한 옷가지를 걸치기 좋아하던 나는 근래 들어 어떤
깨달음에 이르렀다. 아무리 훌륭한 옷장을 갖춘들 나부터가
멋진 사람이 아니면 절대 멋져질 수 없다는 것을. 좋게 얘기하면
같은 아이템이라도 착용자에 따라 각기 다른 느낌을 풍긴다는
것이다. 알록달록하고 반짝이는 물건을 편안한 사람이 걸치면
편안하고, 엣지 있는 사람이 걸치면 엣지 있어 보인다. 모든 것은
나에게서 출발한다. 카메라 렌즈 뒤에서 세세하게 들여다보니
두 사람은 참으로 많은 주얼리를 하고 있었다. 그런데 어쩜 이리도
자연스러워 보일까. 이 역시 그들의 단단한 독립성 때문이겠지.
늦겨울 햇빛에 반짝이는 주얼리가, 그 주인 덕에 한층 더 우아한
모습으로 카메라에 담겼다.

BRAND INFO

HOMEPAGE: jemandpebbles.com
INSTAGRAM: @jem_and_pebbles

터프 스튜디오

About

'유기체'라는 이름의 새로운 워크라이프를 선두하고 있는 단체.
빈티지 가구를 기반으로 기존과는 다른 개념의 빈티지와 조직 문화를
정착시키고자 하는 브랜드이다.

터프 스튜디오는 장충동에서 성수동으로 이사한 지 얼마 되지
않은 빈티지 가구 회사이다. "아버지가 창고를 갖고 계셨대."라는
이야기를 스치듯 들은 적 있었다. 이제 그 이야기의 뒷면을 밝힐
때가 되었다고 생각했다. 지금 성수동에 보금자리를 텄다는 것은
일종의 넥스트 스테이지를 의미하는 것일 수도 있으니까.

구선우와 이준우. 성이 같았더라면 형제라고 오해할만한 이름.
가족인 아닌 동업 관계를, 그러니까 오랜 시간이 지나도 쉬이
이별하지 않을 완전한 타인들의 동업을 찾는 일이 좀처럼 쉽지
않았기에 섭외 메일의 답장을 기다리는 동안 좀이 쑤셨는데 늦지
않게 받은 회신에서 감사의 기운이 물씬 느껴졌다. 아, 제대로
찾아왔구나. 그런데 이준우는 메일에서 한 가지를 굳이 강조했다.
'저희 터프는 회사보다는 팀, 조직체보다는 유기체를 지향하는
단체입니다. 동업이라는 주제가 정말 멋집니다. 적극적으로
참여하고 싶습니다.'

그들의 유기체는 무엇을 뜻할까. 뭔가 확실하게 해두고 싶었던 것
같은 그의 말에 마음을 두고 만남을 준비했다. 건물 앞에 도착해서
위를 올려다보니 이준우처럼 보이는 사람이 창문을 열었다
닫았다 하고 있었다. 구선우를 기다리며 잠시 인사를 나누는 동안,
이준우는 내내 '다나까'로 문장을 끝냈다. 터프하네.

구선우 터프 스튜디오 대표 및 디렉터. 이하 선우
이준우 터프 스튜디오 대표 및 리더. 이하 준우

터프 구성원들, 특히
두 분의 관계가 독특할 것
같다는 예감이 듭니다.

선우   저와 준우의 관계는 조금 이상하다고 할 수도 있죠. 가
족도 아닌데 이렇게까지? 운명 공동체라는 생각을 많이 해요.

준우   2016년 겨울에 처음 만났어요. 당시 선우 형이 운영하
던 카페 톨릭스에서 일하던 친구가 소개해 주었어요.

생각보다 그렇게 오래된
관계는 아니네요.

선우   준우에게는 시간을 단축시키는 능력이 있어요. 굉장
히 압축된 시간을 살게 하거든요. 카페에서 크리스마스 마켓
을 여는 데 도움이 필요해서 남양주에 있는 가구 창고로 데려
갔고, 잠깐 경험해 본 준우는 너무 훌륭한 친구였어요. 베팅
을 걸어야겠다는 결심이 들어서 영입했어요.

준우 대표님은 무슨 일을
하고 있었나요?

준우   아는 형들과 의류 편집숍을 운영하고 있었는데 가치관
이 잘 안 맞았어요. 패션을 좋아했고 지금도 좋아하지만, 그
때 깨달았어요. 저의 성장에 카테고리는 별로 중요하지 않다
는 것을. 그래서 다른 업종으로의 전환이 쉬웠던 것 같아요.

남양주 창고가 바로
선우 대표님의 아버님께서
빈티지 가구를 수집해
놓으셨다는 그 창고,
맞죠?

선우   저는 한번도 제가 원해서 일을 선택한 적이 없었어요.
줄곧 가족이 우선이었던 것 같아요. 저는 은행에서, 아내는
콘트라베이스 연주자로서 뉴욕에 살던 중 아버지의 사업을
돕기 위해 귀국했는데, 그때 아버지께서 커밍아웃을 하신 거
예요. 창고가 있다고.

어휴, 두근두근합니다.

선우   아버지께서 "내가 일을 저질렀다."라고 하셨어요. 120
평 되는 창고 안에 가구가 4,000~5,000점이 마구 쌓여 있었으
니 그렇게 표현하실 법도 했죠. 대책 없이 무작정 모으신 것
같아요. 멋쟁이시거든요. 앞뒤 계산 안 하고 질주하는 거예요.

아버님은 왜 갑자기 빈티지 가구에 그렇게 몰입하셨을까요?

선우 아버지 성향이 좀 블루칼라blue collar적이에요. 노동의 가치와 더불어 시간이 담긴 것들을 소중하게 생각하세요. 당시의 아이디어는 가구를 F&B 프랜차이즈로 풀자는 것이었어요. 그렇게 카페 톨릭스를 세팅하고 살리는 데 저 자신을 바쳤어요. 아내는 옆에서 보다 못해 조금씩 도와주다가 음악을 그만두게 되었죠. 신혼인데 합숙하는 것처럼 일만 하고 살았어요. 그리고 1년 뒤에 한남동에 2호점을 열었고요.

준우 요즘 해외 커피 브랜드의 원두를 수입해서 큰 규모로 운영하는 카페들이 있죠. 그런 개념으로 뉴욕에 리서치 여행도 다녀오면서 1년 정도 준비했어요.

그런데 계획한 커피 수입은 왜 성사되지 않았나요?

선우 오픈 직전이었어요. 12월 말이었는데, 군산에 있는 커피 공장에 다녀오는 길에 차가 눈에 미끄러져서 사고가 크게 났어요. 아직도 그 장면이 슬로 모션으로 떠올라요. 그 사건이 일시 정지 버튼을 누르는 계기가 되었죠.

준우 일종의 신호일 수 있다고 생각했어요. 형네 집에서 함께 요양하면서 일단 아프니까 잠깐 멈춰보자고 했어요. 재기는 얼마든지 할 수 있으니 정리를 해보자고. 우리 팀은 일방적이지 않아요. 모두가 의견을 피력할 수 있고 그러면서 진짜 원하는 게 뭔지 드러나죠.

선우 그 뒤에 코로나가 터졌기 때문에, 아마 처음 계획대로 밀고 나갔으면 정말 힘들어졌을 거예요. 몸은 좀 아팠지만 다행이었다고 생각하고 있어요.

전화위복이란 바로 이런 걸 말하는 거겠죠. 그래서 대안으로 태어난 것이 터프였나요?

선우 준우는 가구를 멋있게 보여줘야 한다면서 카페 톨릭스 인스타그램을 직접 운영했어요. 그러면서 사이드로 가구를 소개할 수 있는 계정을 열고 싶어 했고, 이름을 하나 지어 오라길래 제가 '터프'를 제안했습니다.

가구를 유통하기 위함은 아니었네요.

선우 나름 플랜 B였던 거죠. 멋진 걸 갖게 되었으니 잘 다듬어서 소통해 보자, 정도였던 것 같아요.

준우 터프는 문제가 많았어요. 톨릭스로 터프를 메꾸면서 버텼다고 봐도 무방해요. 어차피 가구를 팔면서 정리해야 하는데, 그냥 창고에서 하자고 했어요. 이걸 재미있게 해결하고 잘 헤쳐 나가는 모습을 우리만의 스토리로 만들자고요.

빈티지 가구는 정보 싸움인데요. 아버님이 모아놓은 가구에 대한 정보가 하나도 없었잖아요.

준우 그야말로 카오스였죠. 재고 파악과 분류 작업을 하고, 그에 따라 공간을 섹션별로 나누고, 촬영할 자리를 만들었어요.

선우 그때부터 공부가 시작됐어요. 공부를 위한 공부가 아니라 절실하게 필요했어요. 빈티지 가구를 잘 뜯어보면 디자인 수준이 정말 높아요. 제작 당시에는 대중을 위해 만들었기 때문에 가격은 저렴했을지라도 디자인 측면에서는 하이엔드거든요. 그런 면에 깊이 매료되었어요. 준우는 건축을 공부했기 때문에 더 재밌었을 거예요.

준우 건축을 좋아했지만 돈 때문에 포기했습니다. 그래서 패션으로 진로를 바꾼 거예요. 옷도 좋아하니까요.

그래도 공부한 것이 결국 큰 거름이 되었네요.

준우   의자는 작은 건축물과 다름없어요. 뉴욕 여행할 때, 마음에 드는 공간에서 모두 빈티지 의자를 사용하고 있었어요. 이건 트렌드가 아니라 문화라는 걸 깨달았습니다. 세계 어딘가에서 빈티지는 자연스럽고 당연한 문화로 자리 잡고 있어요.

인스타그램에 공개하기 시작하면서 매출이 나던가요?

선우   평생 경험해 보지 않은 신기한 일이었죠. 국내에 빈티지 가구 업체가 별로 없을 때였는데 고객들이 찾아왔어요. 그냥 손님도 아니고 정말 독특하고 매력 있고 재미있는 이야기가 가득한 분들이 오는 거예요. 와주는 것만으로도 감사해서 직접 커피를 내려드리곤 했어요. 그렇게 1년을 하고 나니 준우가 저에게 그래픽 디자인을 하라고 하더라고요. 그것도 강력하게.

4천 점이 넘는 가구가 쌓여 있는 광경은 아무리 상상해 보려 해도
감이 오지 않는다. 그 정도의 규모를 평생 본 적이 없다. 흡사
괴물처럼 보이지 않을까? 어느 날 눈앞에 뚝 떨어진, 계산할 수
없을 정도로 가치가 높은 짐을 마냥 보물찾기라고 좋아할 사람이
몇이나 될까. 모른 척해도 손가락질할 이 하나 없었을 텐데, 이들은
어떻게든 해보고자 하는 기특함으로 한겨울에 목장갑을 꼈다.

두 사람은 '관상도 과학이다.'라는 표현에 믿음을 갖게끔 했다.
목소리도, 표정도, 심지어 얼굴형도 각자의 성향과 일맥상통했다.
구선우가 어디론가 나풀나풀 날아갈 것만 같은 말랑거림을
담당한다면 이준우는 강철같이 뿌리 박는 단단함이었다. 둥실둥실
떠다녀도 너무 멀리 가버리지는 말라고, 땅속에서 밖으로 나와
함께 꽃을 피우자고, 서로를 느슨하게 붙들어 매고 있었다.

**준우 대표님은 결단력 있게
요구하는 능력이 있네요.**

선우   큰 틀을 잘 세워요. 예를 들면 "터프를 빈티지 가구라
고 뭉뚱그리지 말고 의자로 좁히자. 슬로건은 형이 만들어."
라고 지시를 내려요. 그러면 저는 'We do chair'라는 문구를
만들어내죠. 대부분의 전략은 준우의 머리에서 나왔어요.

준우   형이 어떤 사람인지 아니까요. 형은 디자인을 중시하
는 대표여서 카페 디자인 업무를 외부 업체에 맡기고 있었어
요. 그 지출이 꽤 됐거든요. 그런데 형이 더 잘할 것 같길래 직
접 해보라고 제안했습니다.

선우   결국 소프트웨어 툴을 샀어요. 유튜브를 뒤져가면서
독학했고, 그래픽 디자인 담당자가 되었죠. 그 과정에서 몰
랐던 관심사를 발견하면서 열정이 깊어졌어요. 그렇게 2년
이 되는 해에 한남동 카페를 터프 쇼룸으로 운영하자는 의견
이 나왔어요.

준우   가구를 제대로 보여주고 싶었어요. 결국 롱런할 쪽은
터프라고 판단한 거죠.

선우   1층이 쇼룸이었는데, 2층까지 쇼룸으로 쓰고 싶지 않
았어요. 제 어머니 소유의 건물이었는데 건물주의 키워드는
문화였어요. 그런데 죄다 쇼룸이 되면 일반 사업에서 그치고
말죠. 그래서 우리와 결이 맞는 작가에게 작업실로 제공했어
요. 어디에도 소속되지 않고 자신의 길을 만들고 있는 친구를
응원하고 싶었거든요. 함께 전시도 오픈하고 주말에는 마당
에서 바비큐도 하고, 그게 우리에게는 문화였어요.

여기에서 메일로 이야기한 유기체의 모습이 드러나는 것 같아요. 세포와 세포가 만나서 더 큰 생물체를 만들어낸다고나 할까요. 살아 있죠. 유기체도 어쨌든 조직의 한 형태라고 볼 수 있는데, 지향하는 그림이 무엇인가요?

준우   나의 목표와 기준이 회사의 목표와 기준이 되지 않는 것입니다.

일반적인 조직에서는 경계하는 부분 아닌가요? 보통은 모두 같은 비전을 보고 가야 한다고 하잖아요. 함께 일하고 있지만 각자의 꿈을 이루고자 한다면 조직이 와해될 수 있는 리스크가 있을 텐데요.

선우   실제로 독립하는 친구들이 많아요. 그래도 괜찮다는 마음이 지배적이에요.

준우   더 나아가서는 좋아요. 우리가 멋있으니까 상관없어요. 어차피 다른 거 하고 싶다는 사람을 붙잡아 둔다고 문제가 없어지는 게 아니에요. 현재 가구 복원 파트를 문찬이라는 친구가 담당하고 있는데, 워낙 손재주가 좋아서 아예 맡겼어요. 지우라는 친구는 공간 비주얼을 하고 싶다고 해서 인테리어와 디스플레이를 담당하고, 승화는 가게를 운영하고 싶어해서 그 역할을 내어줬어요. 무엇이 하고 싶다고 할 때 자리를 비켜주는 게 저의 역할이에요.

스스로 하고 싶은 일을 하니 성과가 더 좋겠어요.

준우   일하고 싶은 직장이었으면 좋겠어요. 고성장 시대는 끝났어요. 전 세대의 노고를 존경하고 감사하지만 그대로 따를 필요는 없어요.

선우   국내에 좋은 회사도 많이 생겼잖아요. 그런 조직을 이기는 방법은 유기체밖에 없다고 생각해요. 하지만 소속감을 느끼면서도 개인성이 확보되고 각자의 꿈이 함께 필 수 있다는 건 이상에 가깝죠. 촌철살인 아내는 이렇게 말합니다. 아무도 안 하는 데에는 다 이유가 있다고.

이상향에 가깝게 들리지만 모두가 자신을 위해 일하고 싶어 하는 시대잖아요. 요즘 좋은 평가를 받는 회사들은 개인이 각자의 이름을 걸고 일할 수 있는 환경을 제공하죠.

선우   준우가 그런 면에서 처음부터 남달랐어요. 실제로 준우가 성장하면서 터프가 성장했어요.

준우   솔직히 맞는 말입니다.

선우   이타적인 성향이 강해서 그래요. 모든 사람을 생각하면서 나아가거든요. 준우와 만들어낸 성장을 승화와 지우, 문찬이와도 이루고 싶어요. 하지만 시간이 많이 필요하고, 따라서 우리는 폭발적인 성장에 매우 취약합니다.

준우   터프에서는 비즈니스적 성장이 곧 팀의 성장과 일치하지 않아요. 팀원 개개인의 성장에 포커스가 맞춰져 있어요.

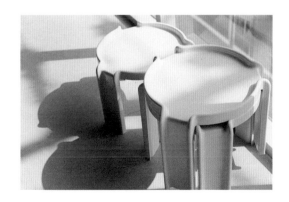

양육이나 다름없네요. 준우 대표님의 이야기를 들으면 통찰력이 있다는 느낌이 들어요. 회사와 개인 사이의 징검다리를 잘 본달까요.

준우 하지만 결국 해내는 건 개인의 몫이죠.

'개인'이라는 요소에 이렇게 가치를 많이 두게 된 계기가 있나요?

선우 어머니가 광고 회사를 하셔서 그런지 항상 브랜딩에 관심이 많았고, 핵심은 퍼스널 브랜딩이라고 생각해 왔어요. A가 더욱 A가 되려면 어떻게 해야 할까. 그 답을 찾으면 잘 나아갈 수 있을 것 같았거든요. 돈으로 해결할 수 없는 삶의 코어라고도 할 수 있을 것 같아요. 이런 제가 프랜차이즈 카페라니 얼마나 안 어울려요. 카페, 특히 프랜차이즈는 명확한 시스템과 균일한 서비스가 중요한데 거기에서 개개인의 개성을 논하고 있으니 말입니다.

그래서 빈티지 가구와 너무 잘 어울려요. 빈티지 가구는 태생은 같을지언정 똑같은 피스는 하나도 없잖아요.

선우   저도 모르게 그 부분에 매료된 것 같아요. 바잉할 때도 타이틀에 연연하지 않고 어딘가 특별해 보이는 걸 골라요. 그러면 꼭 그렇게 특이한 분들이 사 가는데 거기서 관계가 시작돼요. 고객과 가구 사이의 관계, 고객과 우리 사이의 관계. 빈티지가 유기체의 개념과 일맥상통한다고 말씀하시니 더욱 운명같이 느껴지네요.

개인적으로는 빈티지도, 새것도 좋아한다. 달리 말하면 그것이 물건을 선택하는 기준이 되지 않는다는 뜻이다. 다만 빈티지를 선택한다면 대부분의 이유는 희소성 때문이다. 누가 디자인했는지 몰라도, 그래서 자본주의적으로 대단한 가치를 평가받지는 못할지라도 내 취향에 맞고 쉽게 구할 수 없는 아이템이면 마음을 뺏겼다. 그렇게 우리 집 거실에는 작자 미상의 검은색 유리 탁자가 하나 놓여 있다.

누구나 알고 누구나 좋아하는 시장에 맞추면 이미 늦었다. 터프는 그 진리를 배운 것이 아니라 그냥 알고 있었다. 자기도 모르는 그 언젠가부터. 아주 약간의 미래에서 온 사람들. 그런 사람들은 어딘가 이질적이고 알 듯 말 듯한 매력을 풍긴다.

성수동 쇼룸에 '길드 하우스'
라는 이름이 붙었더라고요.
터프가 아닌 다른 이름을
붙인 이유가 있나요?

준우   길드 하우스는 승화의 몫이에요. 승화는 온화하고 섬
세하게 고급 응대를 잘하죠. 관계 맺는 걸 좋아하는 친구라
고객들과 따로 만나서 친분을 쌓기도 해요. 가게 주인의 꿈
을 꾸길래 하나 열어서 승화에게 키를 줘보자고 했어요. 그
게 길드 하우스예요.

선우   이제 메가 트렌드는 없어요. 개개인의 개성이 강해지
고 영역들이 세분화되고 있어요. 그걸 이끈 게 오프라인이에
요. 오프라인에서는 사람들이 경험을 소비하고 관계를 맺어
요. 문화는 오프라인에서 태동해요. 다만 아직 국내 리빙은
예전의 패션 같은 단계를 지나고 있어요. 리빙에서도 유행이
지나가고 개성이 부각되는 시대가 올 겁니다. 그래서 라이프
스타일숍의 역할이 중요해요. 다양성을 제공하고 응원하죠.

성수동의 어떤 면을 보고
지역을 선택한 건가요?
터프의 분위기에는 장충동이
더 자연스러운 것 같거든요.

준우   우리 둘만 있으면 장충동이 좋은데, 동생들이 이 공간
을 좋아했어요. 밥 한 끼를 먹기에도 훨씬 풍성한 동네잖아
요. 큰 결정일수록 팀원들과 세세하게 공유해요. 카테고리가
중요하지 않은 것처럼 지역도 중요하지 않아요. 여기가 좋다
고 하길래 온 것뿐이에요. 승화와 지우의 일터잖아요.

팀원에게 역할을 주기
위해 숍을 열고 이름을
지어준다라, 너무 신개념이라
따라잡기 어려울 정도예요.

준우   동기부여가 될 판을 마련해 주는 게 우리의 경영 방식
이에요. 뭔가 하겠다면 더 좋은 환경에서 할 수 있도록 지원
해야죠. 저도 그런 도움을 형에게서 받았고, 이제 동생들에게
해줄 차례입니다. 어떤 면에서는 비즈니스 아젠다가 없어요.
왜냐하면 어디서든 무엇이든 잘할 수 있으니까요.

여기에서 회사가 또 한번의 변화를 맞이할 것 같다는 느낌이 오나요?

준우 저희는 터프를 콘텐츠 회사로 정의내리고 있어요. 앞으로 뭘 하고 싶은지에 대해 치열하게 고민했고, 특히 선우 형이 아티스트를 꿈꾸기 때문에 스튜디오의 형태로 나아가야 할 겁니다.

선우 준우가 제안했던 그래픽 디자인에 대한 갈증이 강해져요. 제 안에 있는 욕구를 표현하고 소통하고 싶어요. 그렇지 않으면 몸이 아프더라고요.

준우 진짜 아파서 회사를 나갔어요.

아, 몇 개월 동안 자리를 비운 게 아파서였군요?

선우 대표라는 틀을 스스로 너무 강요했죠. 팀원들에게는 너의 모습을 찾아가라고 해놓고 정작 저는 어울리지 않는 옷을 입으려고 부단히 애쓴 거예요. 그러다가 병이 왔어요. 쉬면서 돌아보니 제가 그림을 그리고 있더라고요.

준우 그래서 그림 업무를 계속 주고 있습니다. 빈티지가 형에게 큰 영감을 주는 것 같아요. 또 한가지 큰 도약은, 드디어 창고가 규칙적으로 운영되고 있어요. 졸업이에요. 거대한 문제점을 터프라는 이름으로 확실하게 해소했습니다.

선우 이제부터는 아버지가 아니라 우리의 터프예요. 우리만의 셀렉션으로 소통해야 하고, 조금 다른 느낌으로 빈티지를 즐기는 팀이었으면 좋겠어요.

**가구 바잉이 핵심일 것
같은데, 터프만의 느낌은
어떻게 만들어가나요?**

선우   다르고 싶어서 다른 걸 선택하기보다, 우리가 잘하는
걸 선택하려고 해요. 그게 요즘에는 포스트 모던이고요. 포스
트 모던에 집중하게 된 건 레이 가와쿠보(꼼 데 가르송의 수석 디자
이너이자 대표)의 의자를 사면서 시작되었어요. 추후 바잉의 핵
심 아이템이죠.

준우   포스트 모던을 좋아하는 이유는 디자인 사조나 형식
에 얽매이기보다 디자이너 자신의 내면에 더 집중해서 디자
인했기 때문이에요.

호황기였군요.

선우 맞습니다. 다른 빈티지 브랜드가 디자인 역사나 전해
내려오는 유산에 중점을 둔다면 저희는 초점이 '멋'에 있어요.
그게 터프가 가지고 있는 가벼움이라고 생각하고요. 가와쿠
보 의자도 멋있어서 산 거예요. 쿨병에 걸렸다고 할지 모르지
만 그래서 행복해요.

준우 한국은 다양한 성공의 기준이 많이 부족한 나라예요.
일찌감치 어떤 기준을 만들어놓고 그렇게 되려고 해서 다들
힘들어하잖아요. 우리 회사 안에서만큼은 각자의 사례를 살
수 있게끔 하려고요. 최선을 다해서.

가구에 대한 대화는 비교적 적었지만, 그것은 소홀하다는 뜻이 아니라 너무나 기본이기에 굳이 떠들 필요가 없다는 제스처였다. 터프의 시그니처가 된 갈바니타스Galvanitas 체어에 3시간가량을 앉아 있었는데, 무척 단단하고 얇은 의자임에도 불편함을 느낄 수 없었다. 그 옆에서 레이 가와쿠보의 정사각형 의자는 낮은 받침대 위에 귀하게 모셔져 따뜻한 햇살을 받고 있었다. 국내에 기술자가 극히 적은 대니쉬 코드 (종이 끈을 십자로 교차해 엮어서 면을 만드는 작업)를 직접 배워서 작업함과 동시에, 유해 물질이 나오는 파이버글라스 복원은 동생들의 건강을 위해 그만두었다는 터프. 그들의 행보에서는 자신감 이전에 겸손함이 느껴진다. 그래서 함께 친절해지고 싶어진다.

가구에 있어서 복원을 많이 강조하더라고요. 전문가에게 맡길 수 있을 텐데 직접 하는 이유가 있나요?

준우   사랑에 빠지기 되게 좋아요. 복원하면서. 기술자분들이 있지만 가구에 맞춰서 복원 방식이 바뀌어야 하는데 대부분 본인의 작업 방식에 맞추려고 해요. 그래서 직접 해야겠다고 생각했어요. 노동에서 오는 즐거움도 많고요.

동감해요. 저도 사진 편집할 때 마음이 참 편히거든요. 복원할 때 오리지널에 가깝게 하는 게 더 중요한가요, 아니면 터프의 해석이 들어가는 걸 선호하나요?

준우   고객마다 달라요. 어떤 분은 너무 새것 같지 않게 해달라고 하고, 어떤 분은 깔끔한 걸 요구하죠. 케바케Case By Case라 고객과의 관계가 중요해요.

선우   오리지널만 지나치게 추구하다 보면 한계가 더 빨리 오는 것 같아요. 물론 그걸 즐기는 업체들도 있지만요. 빈티지 가구 거래가가 많이 올랐다고는 해도 기본적으로 태어난 가격대가 있기 때문에, 가구 포지셔닝의 영향도 있고요. 여러 모로 판단 능력을 키울 수 있는 숙련이 필요합니다.

한때 자체 제작 상품도 만들었던데요.

선우   자기표현의 욕심이 그렇게 드러났죠. 몇 개 만들어보다가 포기했어요. 제조업의 영역은 전혀 다르다는 사실을 뼈저리게 깨달았어요. 하면 할수록 제가 점점 작아지더라고요.

준우   어떤 느낌이냐면, 헤어질 걸 알면서 사귀는 거예요.

선우   뭘 만들어내는 것도 무의미하게 느껴졌어요. 너무 좋은 물건을 다뤄서 그런가 봐요. 새로운 걸 만들기보다, 있는 걸 발굴하고 잘 소개하는 게 지혜라고 생각했습니다.

그런데 홈페이지에는 가구 이야기가 별로 없어요. 유통 기능은 없고 글만 쌓여 있더라고요.

준우   원래는 온라인 몰이 있었어요. 하지만 터프는 콘텐츠 회사죠.

선우   그 질문을 우리 안에서도 했고 결국 스토리가 '부'가 되는 게 싫다는 결론을 내렸어요. 여지를 남기길 싫어하는 준우의 밀어붙이기도 있었고요.

준우   도망치는 거 싫어합니다. 애매한 선택이 싫어요. 온라인 몰이 빠지면 대단한 손해인가도 고심해봤어요. 손님들이 원하는데 무시하는 것도 예의가 아니잖아요. 그런데 그렇지 않더라고요. 터프는 인스타그램이 큰 역할을 해요. 디엠으로 문의하고 직접 보러 오거든요.

그렇다고 다 들어낼
필요가 있었어요? 쇼핑도
하고 글도 읽을 수 있으면
좋잖아요.

준우   터프는 '이준우가 구선우를 만났어요.'에서 시작하는 회사이고 그것에 맞는 홈페이지를 만드는 게 중요해요. 그 스토리가 의자 하나 파는 것보다 더 가치 있어요.

선우   준우의 강단이 자랑스러워요. 동생이어서 그런지 자꾸 제 피드백을 받고 움직이려고 하더라고요. 그게 답답했어요. 너의 세계를 마음껏 펼쳐야 하는데 뭘 기다리냐고요. 전 심지어 퇴사도 했었어요. 그때 준우에게 터프를 준 거예요.

홈페이지에서는 터프의
가장 진술한 이야기를
들려주고 있군요.

선우   제 마음은 그랬어요. 반년은 아예 손을 뗐고, 반년은 반 정도 걸치고 있었어요. 결국 돌아왔지만, 여전히 터프는 준우의 것이라고 생각하고 있어요.

준우   경영을 도맡는 것에 대한 부담은 없었지만, 저 혼자 하면 레거시(유산)가 없다고 생각해요. 제가 굳이 빈티지를 할 이유가 뭐가 있어요? 우리 아버지가 물려준 것도 아니고요. 선우 형이 있어야 터프는 완전체가 돼요.

단순 병가가 아니라 아예
퇴사를 했던 거예요?

선우 대표님의 존재가 회사의 정신과도 같은 거군요.

준우 저는 형을 선택했지 회사를 택한 게 아니에요.

선우 그때 비로소 수직관계를 깨고 말하더라고요. 형, 이제 내가 진짜 리더야. 형은 디렉터고.

리더와 디렉터의 차이는 무엇인가요?

준우 리더는 조직의 세계관을 만듭니다. 의자에 집중하겠다는지, 스튜디오 형태로 성장하겠다든지 하는 큰 그림을 결정하죠. 하지만 그 세계관을 표현하는 역할까지 맡으면 너무 좁아져요. 디렉터는 그걸 풀어내는 역할을 하는데 저는 형의 작업이 너무 좋거든요.

준우 님은 일을 잘 맡기고 응원도 잘해주네요.

선우 안 그랬는데 변했어요. 워낙 다재다능해서 죄다 준우 혼자 했는데 하나씩 놓더라고요.

준우 놓더라도 그 끝을 못 봤어요. 잘 못하는 꼴을 보기 힘들어서 결국 다시 손을 대곤 했는데 기다림의 가치를 배웠어요. 그 꼬락서니를 지켜보다 보면 저보다 더 잘하는 날이 옵니다.

진짜 리더가 되었군요.

준우 리더로서 팀원들에게 줄 수 있는 게 경험밖에 없더라고요. 다들 다른 곳에서 일하면 경제적으로 더 풍요로운 대접을 받을 수 있을 거예요. 굳이 터프에서 일하겠다면 다른 데서는 할 수 없는 경험을 제공해야죠.

선우 준우는 싫은 소리도 잘해요. 제대로 할 줄 알아요. 인격적으로 모독하는 게 아니라 정확한 지점을 확실하게 짚고 넘어가거든요.

어떻게 표현하나요?

준우 '너는 지금 기준이 너무 낮아. 더 잘할 수 있어.'라던 가, '네가 한 선택을 피하지 마.' 등이요. 안일한 태도는 안 좋아해요.

얘기를 들으면 들을수록 인큐베이터에 가까운 것 같아요. 모두가 잘 되기 위해 개인의 성장을 밀어준다는 것. 개념적으로는 이해하고 있었지만 실제로 실행되는 모습을 보니 미래의 조직은 이런 모습일 거란 생각도 드네요.

준우 조직도, 리더상도 달라져야 하는 때가 왔어요. 터프 팀원들 사이에는 중복되는 업무가 없어요. 이미 맡은 역할이 있으면 해당 자리는 추가로 채용하지 않죠. 그런 특수한 상황을 남용하지 않고 힘으로 여겨서 성장하는 게 올바른 팀원의 자세입니다.

선우 인생을 걸고 논문을 쓰는 기분이 들어요. 예전에는 준우에게 미안했어요. 놔두면 훨씬 더 잘 살 수 있을 것 같은데 저를 만나버린 거죠. 그런데 그런 죄책감이 멋이 없더라고요. 준우도 성인이고 스스로 내린 결정이니까 그다음부터는 함께 잘 만들어보고자 하는 게 옳은 의지죠. 제가 아티스트로서 빨리 성장해야 준우가 행복할 거예요. 준우는 팀원이 잘하면 진심으로 행복해해요.

타인의 성장을 통해 행복을 느끼는군요. 이보다 리더다울 수 있나요!

준우 인간의 욕구 중 하나일 거라고 생각해요.

남양주 창고가 신의 한 수라는 생각이 듭니다. 빈티지 가구가 구심점이 되어주네요. 그게 없어지는 순간 공중분해 될 것 같아요.

준우 형한테 항상 하는 말이에요.

선우 언제든지 버릴 수 있다고 생각했어요. 아버지가 남긴 것이기 때문에 개인적인 감정이 실려 있잖아요. 애증이죠. 하지만 이제는 그 의미가 크다는 걸 압니다. 모두를 연결해 주는 아주 구체적이고 실질적인 존재죠.

준우　계속 해야 사랑도 깊어져요. 사람도 그렇잖아요. 연애할 때와 결혼 후, 아이를 낳고 키울 때와 독립시키고 나서의 사랑의 모습이 계속 바뀌어요. 터프가 빈티지를 사랑하는 모습도 조금씩 바뀌거든요. 지금은 쿨해요. 철도 없고요. 그게 우리의 힘이에요.

처음부터 고속도로를 뚫는 게 아니라 한발자국씩 내딛으면서
돌을 놓을 지점을 고르는 팀. 첫 돌이 가구였다면 두 번째
돌은 문화였고 그 다음은 콘텐츠, 길드 하우스, 포스트 모던.
어떤 모양인지 아무도 모를 그림을 한 칸씩 그려나간다.
인간이 불안감을 느끼는 이유는 막연함 때문이라고 생각했는데
이제 보니 막연함의 다른 이름은 가능성이었다. 열정과
사랑이 있다면 방향을 바꾸지 못할 이유가 없다. 어디로 가도
유기체라는 목적지에 도착할 수 있을 것이다.

촬영을 하는 동안 길드 하우스의 주인인 승화님이 주변을
맴돌았다. 나보다 서너 발자국 앞에서 무엇을 어디로 옮길지
물었고, 다 마신 커피와 업무를 보던 노트북 등을 치워주었다.
필름을 감고 가는 동안 카메라에 대한 스몰 토크와 무심히
뿌리고 간 향수에 대한 취향까지도 나눴다. 그 짧은 시간에!
다음 터프 인터뷰는 두 명이 아니라 다섯 명일 거라는 확신이
들었다. 구선우와 김준우가 포장해 온 김밥을 먹는 동안 승화,
지우, 문찬이 들어와서 닭꼬치를 하나씩 입에 물고 각자의
자리로 발을 뗐다.

BRAND INFO

HOMEPAGE: tuffstudio.kr
INSTAGRAM: @tuffstudio

얼마 전, 갑자기 괜찮은 사업 아이템이 떠올라서 쏟아지는 아이디어들을 부여잡고 뜬 눈으로 밤을 샜다. 나에게 새로운 일이란 실제로 이행되는 것과는 별개로, 상상만으로도 심장이 두근거리는 삶의 자극제다. 다만 그동안 숱하게 마음을 만지고 갔던 일과의 차이가 있다면, 이건 절대 혼자서는 할 수 없다는 것이었다. 적지 않은 자본과 경력과 노동이 필요한 일. 앞으로 구르고 뒤로 굴러봐도 혼자서는 불가능하다. 그걸 알면서도 나의 뇌세포들은 신이 나서 심야 속을 날뛰었다. 그러다 번뜩, 함께할 만한 사람이 한 명 떠올랐다. 그는 완전한 타인이지만 해당 분야에 지대한 경험이 있고, 무엇보다 우리는 서로의 작업을 좋아하고 존중한다. 신중하지만 동시에 도전적인 그와 함께하면 못 할 이유가 없어 보였다.

간밤의 기똥찬 아이디어란 기상과 동시에 휴지 조각이 되는 법. 약 사흘간의 고심 끝에 신사업 계획은 뒷주머니에 넣어두기로 했다. 벌려 놓은 일에 책임을 다하는 것만으로도 버거운 날들이었고, 그로 인해 잠재적 동업자를 만날 시간조차 없었다. 물론 만나면 아이디어를 개방할 참이다. '나랑 동업해 줄래?'라는 말은 결론과 무관하게 듣기 좋을 것 같으니까.

작년 여름부터 꾸준히 동업의 지난하면서도 만개한 이야기를 들으면서 나도 모르게 마음이 조금 열린 것일까. 스스로 선택한 사람과 함께 사업체를 꾸려가는 모습이 무척이나 생생하게 그려졌고, 함께라면 두려울 것이 없겠다는 근거 없는 용기마저 솟았다. 물론 실제로 발을 묶어보면 전혀 다를 것임을 안다. 사업에서의 2인 3각은 절대 직선이 아닐 것이기에. 동업자와 발이 묶인 채로 강을 건너고 산을 오르고 웅덩이에서 탈출해야 하는 과정은 아마 당장이라도 포기하고 싶은, 하지만 둘이기에 포기할 수도 없는 진퇴양난의 게임일 가능성이 높다. 그럼에도 잠깐이나마 동업을 그려본 내면의 변화를 칭찬하기로 했다. 나, 생각보다 그릇이 크네?

　　가능성은 언제나 있다. 필요한 것은 그걸 알아보고 선택하는 나의 지혜로운 적극성이다. 어차피 완벽한 조합은 없다. 대표는 대표라 힘들고, '헤쳐모여'는 그 나름의 고충이 있다. 혼자나 동업은 말할 것도 없고. 그래서 자신을 아는 것이 중요하다. 나는 자유로운 업무환경이 중요한가? 나는 빠른 성장이 중요한가? 나는 하고 싶은 말을 정확하게 전달하는 편인가? 나는 지적을 받을 준비가 되어 있는가? 몇 번의 예행연습만 해봐도 답은 쉽게 나온다.

아이디어가 샘솟던 밤이 나에게 준 선물은, 일과 삶에서의 우선순위를 걸러내는 필터였다. 그에 따라 당분간은 1인 체제를 유지하기로 했지만 채용이나 동업의 순간이 온다면 물러서지 않을 것이다. 섞이면, 유일무이한 무엇이 탄생한다. 싱글 오리진은 그것 자체로 남다른 퀄리티를 자랑하지만 각 로스터리에서 그만의 느낌으로 원두를 블렌딩해서 내린 에스프레소는 다른 카페에서는 맛볼 수 없는 고유함을 지닌다. 혼자서도 계속 성장할 수 있지만, 그 여정에 귀인이 더해지면 이전에는 보이지 않던 새로운 문이 열린다.

동업은 결혼과도 같아서 조건만 따져도 안 되고 사랑만 믿어도 안 된다. 명확한 비전과 고무줄 같은 융통성, 퍼즐처럼 들어맞는 능력과 재미없어도 함께 웃어넘기는 개그 코드. 이 모든 게 적절하게 섞일 마법의 순간이 온다면 나도 그 애증의 대열에 합류할지 모르겠다. 그러기 위해서는 나부터 같이 일하고 싶은 사람이 되어야겠기에, 오늘도 홀로 성실의 시간을 쌓는다.

브랜드＋블렌딩

너와 나의 교집합이 만드는 브랜드

초판 1쇄 인쇄 2023년 4월 19일
초판 1쇄 발행 2023년 4월 26일

지은이 **룬아**

펴낸이 **이준경** 펴낸곳 **지콜론북**
편집장 **이찬희** 책임편집 **김아영** 편집 **김경은**
책임디자인 **정미정** 디자인 **이윤** 마케팅 **고유림**

출판 등록 2011년 1월 6일 제406-2011-000003호
주소 경기도 파주시 문발로 242 3층
전화 031-955-4955 팩스 031-955-4959
홈페이지 www.gcolon.co.kr 트위터 @g_colon
페이스북 /gcolonbook 인스타그램 @g_colonbook

ISBN 979-11-91059-40-3 03320
값 22,000원